Retour sur le Futur
Elsa 2035

Lucette Terrenoire

Retour sur le Futur
Elsa 2035

Roman philosophique d'anticipation

Édition : BoD – Books on Demand, info@bod.fr

Impression : BoD – Books on Demand, In de
Tarpen 42, Norderstedt (Allemagne)
Impression à la demande

ISBN : 978-2-3222-6058-4

Dépôt légal : Novembre 2020
Réédition juillet 2023

CHAPITRE I

AUX ORIGINES

Assise à son bureau d'étude, Elsa s'interrogeait.

Comment avait-elle projeté son avenir sur dix voire quinze ans, dans les années 2020 ? Aujourd'hui fin 2035, comment rêver un futur et se projeter dans les années 2050 et plus ?

Elsa se dit qu'elle allait faire un retour sur le futur. C'est à dire retrouver ce passé dans lequel elle avait imaginé son avenir, celui où elle vivait maintenant.

Elsa se souvint de 2020, sa vie étudiante venait de basculer dans l'inconnu. Une épidémie menaçait le monde entier : la CoVid-19. Elle avait 15 ans, ce jour-là, le 29 mars 2020 et se retrouvait à ne pas pouvoir fêter son anniversaire avec ses amis -es. Ses parents eux-mêmes étaient pris dans la spirale du travail, à la fois en télétravail ou en déplacement.

Tout le monde y allait avec son petit diapason : c'est la faute à… y-a qu'à…. Et les décisions étatiques tombaient en fonction des avancées scientifiques chaotiques.

En fait, personne ne savait quand ce nouveau virus s'arrêterait. Parfois, les virus restent pendant des centaines d'années puis disparaissent, parfois ils disparaissent tout de suite et personne ne sait pourquoi. Même pour les chercheurs, cela reste une énigme à résoudre.

À partir du mois de mars 2020, ses parents décidèrent de lui faire donner des cours de mathématiques. Les cours scolaires ne suffisaient pas à la compréhension des notions. Pourtant Elsa avait de bonnes capacités en physique–chimie et en sciences de la Vie.

Elsa revit cet instant où sa professeure de mathématiques arriva chez elle ; Elle avait exigé une distance de 2 mètres pour les cours. Ses parents s'absentèrent pour leur travail et laissèrent le salon à disposition pour les cours de maths.

La salle était bien éclairée par une grande baie vitrée. Les plafonds hauts soulignaient un espace de vie confortable. La porte ouverte donnait sur le jardin verdoyant.

Sa professeure, une femme d'une soixantaine d'année se présenta :

« Bonjour Elsa ? Je suis Louisette. Je te laisse choisir la couleur du cahier sur lequel nous allons travailler. »

Elles s'installèrent… deux heures passèrent. Elsa fut surprise d'entendre la sonnerie annonçant la fin du cours. Elle n'avait pas vu le temps passer.

« Très bien, lui dit Louisette. Nous allons continuer ainsi pour préparer ton avenir. »

Elsa regarda Louisette.

Elsa avait envie de jouer et de retrouver ses amis-es ; pourquoi prendre des cours de maths ? Il n'y avait plus d'école !

Son regard reflétait l'interrogation des jeunes de son âge : « Quel avenir ? Celui de la fleur sous cloche, avec les pétales de rose, qui tombent un à un ? »

Louisette avait vu le dessin d'Elsa dans son cahier d'école. Louisette avait compris et lui avait dit alors :

« C'est ce que tu vas rêver aujourd'hui qui créera ton avenir. Il convient de le rêver meilleur qu'aujourd'hui et de décider comment y parvenir. Peu importe le passé. Ce qui se passe au présent, ce sont tes projets.

C'est toi qui diriges ta vie et toi seule qui construit ton avenir. Fixe-toi un objectif et suis-le autant que tu peux.

Si c'est nécessaire de modifier en cours de route, tu modifies. Rien n'est jamais tracé définitivement. Tout change.

Avant, tu étais un petit bébé et maintenant tu es une jeune fille. Tu ne resteras pas une jeune fille. Tu changeras obligatoirement. Que veux-tu faire plus tard ? »

Elsa avait répondu spontanément :
« Pilote d'avion.
- Alors tu as besoin de mathématiques, à bientôt. »

Et ainsi, Elsa continua les cours de mathématiques pendant les trois années suivantes. Des années plus tard, en 2027, Elsa discutait encore avec Louisette et elles se voyaient une fois par an pour parler des cours de physique à l'Université de Saclay.

De nombreux bouleversements étaient arrivés entre 2021 et 2025 en France.
Le stress hydrique avait fait avancer le sable dans le Midi de la France. Les inondations et petits séismes avaient modifié le paysage Alpin ainsi que celui de l'Auvergne Rhône-Alpes. Les terres méditerranéennes étaient devenues incultivables et il fallait les restaurer.

Quelques avancées en 2021, comme les plantations de haie, qui selon les conseils de l'Union Internationale de la Conservation de la Nature pouvaient réduire les catastrophes naturelles, sans pour autant les stopper vraiment.

Enfin quelques protections éparses, classement R.A.M.S.A.R. de zones humides, pour plaire à des touristes plus que pour une protection forte ; aussi des tourbières furent achetées par des associations, pour faire des animations de terrain.

Les organisateurs aménageaient les lieux pour les rendre « propres ».

Les tourbières étaient jusqu'à présent, laissées à elles-mêmes. Pendant cette période, en raison des sécheresses continues, elles s'étaient recouvertes de petits arbres qui limitaient les pertes par évaporation, de l'eau fossile. Les aménagements pour « faire propre » allaient provoquer une évaporation plus importante de l'eau enfermée depuis des millénaires sous la tourbe et accélérer l'assèchement des tourbières.

Les associations environnementales soumises au *diktat* des subventions avaient profité de la manne sur les zones humides, oubliant les conseils scientifiques sur l'ensauvagement.

Déjà de 2000 à 2020, refusant de suivre les conseillers scientifiques, les responsables des conservatoires avaient priorisé le leurre du « propre » en supprimant les ripisylves ou les embâcles sur la rivière Allier.

Le manque d'embâcles avait empêché les sédiments de s'accumuler au fond de la rivière, le lit se creusait ; il fallait déplacer les captages d'eau potable.

Ainsi, fin novembre 2020, les actions contre le dérèglement climatique stagnaient. Aucune mesure n'avait été prise pour dépolluer les sols. Les trois années de sécheresse avaient augmenté les pénuries d'eau. L'arrière-saison affichait une douceur inhabituelle. Les plantes, comme les trèfles, les pâquerettes, les roses, fleurissaient pour le plus grand plaisir des promeneurs et des ignorants.

Elles annonçaient une probable fin de vie, par épuisement.

Puis en 2025, après avoir subi des vents d'une extrême violence, la partie Ouest Bretonne de la France, en agriculture intensive, se retrouvait avec de l'eau impropre à la consommation. L'eau de mer, retraitée, avait fourni une partie de l'eau qui manquait.

Cependant des espaces végétalisés assuraient des lieux de vie plus conviviaux, respectueux des distances. Cela avait créé une nouvelle dynamique sociale et la modification des habitats avaient aidé à faire régresser l'apparition de virus émergents[1], comme la CoVid-19, directement liée aux écosystèmes perturbés par l'Homme. La zéro artificialisation nette des sols avait permis de reconquérir des terres et d'améliorer la qualité de l'air.

---

[1] « *Les virus émergents* », J-F. Saluzzo et al., éditions IRD, 2004.
« *Vie et mort des épidémies* », P. Debré et J-P. Gonzalez, éditions Odile Jacob, 2013.

Enfin, la volonté politique s'était tournée vers l'hydrogène et de façon moins volontariste sur la dépollution des sols.

Quelques éruptions volcaniques avaient fini par amener un léger refroidissement, ainsi que le retour de l'eau douce, par remontée magmatique.

Par obligation les hommes avaient beaucoup appris sur les écosystèmes.

Bien sûr le bilan humain durant ces années avait été lourd dans cette période historique. Les décès étaient élevés en raison des pollutions et des modifications du climat : cancers, zoonoses, CoVid-19.

Les tensions géopolitiques avaient atteint leur paroxysme, soit en raison des catastrophes naturelles, soit en raison des guerres.

En 2027, choqué et assagi, chacun s'occupait à déblayer, à reconstruire et plus aucun pays ne parlait d'imposer sa vision du monde.

Alors âgée de 22 ans et jeune étudiante en master physique avec une spécialité dans le domaine spatial, Elsa avait obtenu son stage de fin de Master II.

De nature enthousiaste et tournée vers les étoiles, elle avait rencontré son maître de stage par l'intermédiaire du directeur de la revue Ciel et Avenir.

Le directeur de la revue comprit tout de suite que cette jeune femme brune, aux cheveux courts et passionnée du ciel avait de grandes capacités ; il lui proposa de réaliser son rêve avec un stage de six mois, aux Mureaux.

Elsa fut missionnée pour prendre un bus réservé aux employés des Mureaux.

Elle habitait chez les amis de ses parents, dans une chambre de bonne dans le 11ème arrondissement, 16 rue Beaurepaire. Elle prendrait le bus sur la Place de la République dans Paris afin d'aller avec l'ensemble du personnel, aux Mureaux.

Pendant son stage elle serait rémunérée.

Quelques jours plus tard, Elsa arriva dans l'ancienne Aérospatiale des Mureaux. Certes, ce lieu mythique se trouvait dans une banlieue de mauvaise réputation. Cependant le bus entrait directement dans la cour et il n'y avait aucun danger pour rejoindre les bureaux. Elsa ne pouvait s'empêcher de jubiler. Elle était enfin dans ce lieu où s'étaient construits les lanceurs pour la fameuse fusée Ariane V et Ariane VI.

Elsa se rappelait le jour où ses parents lui racontèrent l'origine de son prénom : Elsa. *L,* venait du nombre quantique azimutal. Ce nombre est lié à l'excentricité de l'ellipse, la trajectoire sur laquelle l'électron a la probabilité la plus grande de se trouver. E.S.A. venait de la Station Européenne Aérospatiale ; et enfin Elsa, c'était aussi le prénom d'Elsa Triolet.
Quelque part, ses parents avaient participé à sa passion.
Elsa se rappela les mots de Louisette :
« C'est toi qui construis ton avenir. Peu importe le passé. » et il est vrai que « peu

importe le passé, c'est dans le présent que l'avenir existe. »
Son avenir en 2027, allait se créer aux Mureaux.

Son directeur de recherche l'accueillit dans son bureau, lui proposa de visiter les lieux et de rencontrer les personnes avec qui elle travaillerait sur son Master, ainsi qu'un certain Fred, étudiant comme elle, un fort en mathématiques et en physique.

Ils allèrent ainsi de bureaux en bureaux. Les personnes allaient et venaient à leurs occupations parlant un langage incompréhensible pour Elsa ; elle écoutait, observait.

Enfin après avoir parcouru de haut en bas par l'escalier et par les couloirs le premier bâtiment, le directeur la conduisit dans un autre bâtiment : celui de l'assemblage des fusées. Pour terminer, il lui fit rencontrer les personnes de la sûreté intérieure.

Ils étaient occupés à prendre leurs cafés et discutaient peinture, plantes qui poussent plus vite si on leur parle…

Un étudiant américain Otneil était avec eux. Il souriait d'un large sourire et donnait confiance à toute personne. Sa bonne humeur semblait contagieuse ; chacun y allait de son anecdote. La nouvelle arrivante étant présentée à l'équipe, Otneil déclara :
« Vous verrez à ma prochaine fête, je suis sûre qu'Elsa sera présente. »

« Quelle fête, demanda Elsa ?
- Une fête chez Otneil ! Cela ne se refuse pas ! » répondirent-ils tous en cœur.

Après ces différentes rencontres, Elsa suivit le directeur pour signer son accord de stage et son accord pour garder le secret- défense, sur toutes les informations qu'elle serait amenée à connaître. Elsa signa le « secret-défense » avec plaisir.
En 2030, Elsa devint astrophysicienne et chercheuse avec des missions « secret-

défense » qu'elle avait obtenues par son passage aux Mureaux.

Elle avait accompli de petites missions pendant cinq ans, puis enfin celle dans l'I.S.S. la plus importante en août 2035 (*livre : Les amis d'Elsa 2035 - Édition Bod*)[2]

---

[2]   Le livre est écrit fin 2020. Les personnages sont fictifs et les événements sont des trajectoires de science-fiction.

CHAPITRE II

LE DÉPART

Elsa, toujours plongée dans ses pensées, entendit son téléphone sonner.

« Vous devez vous rendre immédiatement sur Paris, puis aux Mureaux. Nous vous expliquerons votre mission à votre arrivée. Il vous faudra remplir votre attestation d'autorisation de déplacement spécifique. »

Cette annonce, elle l'attendait et la redoutait. C'était une mission « secret-défense » et les dernières nouvelles étaient sombres. Il y avait à nouveau des risques de conflits.

Malgré cet ordre de départ immédiat, Elsa encore prise dans son passé, l'ordre de remplir une attestation d'autorisation de déplacement lui rappela soudain ce jour du

30 Octobre 2020, pendant l'épisode CoVid-19, elle avait alors quinze ans et demi.

La décision venait de tomber à nouveau. Interdiction de se déplacer sans autorisation.

Elle aurait droit d'aller à l'école le 2 novembre. Cependant elle avait encore des vacances scolaires et l'automne était beau. Ce jour-là, elle enfila ses chaussures et demanda la permission de sortir à ses parents. Elle irait dans le déversoir pour pluies et inondations. Sa mère devrait l'accompagner. Les enfants n'avaient pas le droit de sortir seuls pendant le confinement.

Elles prirent chacune, leurs feuilles d'attestation de déplacement dérogatoire. Une fois les papiers remplis ce fut le départ dès 13 heures. Le soleil donnait une lumière tamisée sur les arbres aux couleurs d'automne. L'air était empli d'odeurs des feuilles mortes et des glands de chêne. Rapides, furtives, elles parcoururent le sentier, le temps autorisé pour un parcours de santé.

Personne. En longeant les petites haies pleines de baies noires, elles observèrent quelques oiseaux s'envoler sur leur passage. Le chemin creux descendait le long d'une bouchure et Elsa entendait la petite rigole d'eau couler.

Les arbres morts recouvraient le ruisseau. Les oiseaux s'en donnaient à cœur joie dans cet univers sauvage préservé.

L'humidité et la glaise les faisaient glisser. Elsa se retenait parfois aux bâtons, aussi hauts qu'elle, qui signalaient les hauteurs des éventuelles crues.

Elle ouvrait grand ses yeux. Verrait-elle des sauterelles ? Des papillons ? Elle s'évadait de ces moments pesants de l'actualité. « La vie est pleine d'imprévus, parfois tristes, parfois heureux. Inutile de rajouter de la tristesse à la tristesse. La vie devait être la seule direction à prendre et tenter de la rendre la meilleure possible. »

C'était la consigne de sa professeure de maths.

Elsa respirait profondément l'odeur des sous-bois ; elle écoutait les humains parler un peu au-dessus des arbres. Ils devaient être en plein repas de midi. Elsa et ses parents avaient fini de déjeuner de bonne heure et ainsi Elsa avait tout le loisir de gambader avec sa mère dans ce sentier.

Un instant, elle entendit un bruit comme celui d'une moto. Cela semblait venir du fond du sentier. Non, ce n'était pas possible, le lieu leur était interdit. Puis, elle se rappela qu'en contrebas se trouvait une route très passagère et les sons montent.

Sur le sentier, par terre il y avait des traces de roues… des humains qui étaient passés en vélo, sans aucun doute. En bordure de chemin, les traces d'un tracteur et les restes de quelques cultures agricoles. Ce tracteur qui passait dans le champ, ressortait par un autre chemin. En effet, il ne pouvait pas accéder à ce sentier trop petit.

Elsa avança prudemment vers les déversoirs... Ici cela ressemblait presque à une tourbière. Il y avait un peu d'eau et des plantes, joncs, mousses, roseaux qui poussaient çà et là. Elle passa sur l'un des petits ponts en bois. Ces drôles de ponts avec leur forme ronde, faisaient penser à des jardins japonais. Ils permettaient d'atteindre une végétation plus luxuriante, un sol couvert de mousses, d'herbes sauvages. Sans aucun doute, les reinettes, grenouilles et autres batraciens devaient se plaire dans cet endroit tranquille. Qui oserait s'aventurer, qui allait gargouiller dans la gadoue ? Mieux valait ne pas continuer.

Sa mère lui proposa de retourner par le petit sentier. Elles remontèrent en découvrant, ici où là des traces de cervidés, un chevreuil ou un sanglier était passé là pour se ravitailler ; un peu plus loin, ce fut le bruit d'un pic qui retint leur attention.

Elles approchaient à nouveau des maisons. Au-dessus d'elles, leur parvinrent les paroles des enfants qui jouaient :

« Je veux goûter à ton gâteau !
- Non, tu n'y as pas droit. Il faut payer pour en avoir.
- Je veux du gâteau !
- Alors c'est un dollar. »

Elsa se doutait que ceux qui habitaient ici, avaient un privilège réservé à une catégorie sociale aisée. Les discours des enfants venaient de lui confirmer son impression. Au son de leurs voix les enfants devaient avoir cinq ou six ans. Elle trouvait cela étrange ces jeux où l'on parlait d'argent.

Elle se souvenait qu'à cet âge, elle jouait dans le jardin de ses parents avec ses copains et copines et que leur grand plaisir était de creuser des trous ou de chercher des insectes.
Ensuite, ils allaient retrouver les parents avec leurs trésors : carabes, vers de terre

qu'ils tenaient dans leurs mains et les parents s'esclaffaient :

« Allez vite vous laver les mains ! »

Jamais ils ne parlaient de vendre et d'acheter quelques objets.

Sa mère disait : « Vous êtes comme Darwin. Il a fait sa thèse sur les vers de terre. »

Nous ne connaissions pas Darwin et ne savions pas ce que voulait dire une thèse. Cela semblait plaire à tout le monde, alors nous aussi nous étions contents.

Maintenant qu'Elsa était plus grande, elle savait qui était Darwin et savait que si elle continuait ses études, elle aussi ferait une thèse, peut-être…

Toutes les deux se rapprochaient de la vie urbaine. Par terre quelques crottes de chien, quelques papiers jetés dans les herbes, des cyprès, l'herbe coupée basse… Elsa regarda son petit trésor personnel qu'elle avait ramassé juste avant de

rentrer : une petite plume, un morceau de lichen et une feuille de chêne séchée.
Elle en ferait une broche en souvenir de ce moment passé avec sa mère.

Quinze ans déjà ! Elle avait encore cette broche dans sa boîte à trésors.

Aujourd'hui, fin 2035, Elsa avait réussi sa thèse. Elle était enseignante-chercheuse. Elle participait aussi à des missions « secret-défense ». Celles-ci lui étaient confiées depuis quelques années, toujours en lien avec l'astrophysique et l'espace.

Fidèle à la doctrine de sa professeure de mathématiques, elle avait aussi intégré cette notion d'espace-temps et du retour sur le futur.
« C'est dans le présent que l'avenir existe. »

Elle allait donc repartir sur une autre aventure pour construire son avenir.

Elsa regarda autour d'elle.

Ce lieu avait failli être coupé par une route, contournement des villes, et c'était un petit crapaud à ventre jaune, qui avait permis de sauver cet endroit !

Merci messieurs les crapauds à ventre jaune.

Une espèce parmi d'autres en voie d'extinction. Une préservation délicate et difficile. À certains endroits, on leur avait attribué des tunnels, qu'ils refusaient de prendre, les ingrats. Pourtant ces tunnels, c'était pour leur sauver la vie. Ainsi, s'ils les prenaient, les voitures ne les écraseraient pas.

Comme personne n'était parvenu à les éduquer, alors à certaines périodes, les naturalistes venaient avec leurs sceaux pour faire traverser les crapauds au moment des amours, devenus imprudents et inconscients des dangers.

Cette maison au milieu des chênes, des hêtres, tout cela aurait pu disparaître entre 2020 - 2025. Les années de sécheresse avaient fragilisé les arbres et beaucoup tombaient sous le vent ou les pluies diluviennes. Ici dans ce havre de Paix, dans ce lieu où la forêt avait été préservée, les arbres avaient résisté. Des leçons de vie.

Elsa sourit. Le monde est ainsi fait avec ses paradoxes et ses décisions surprenantes !

Puis Elsa leva les yeux sur le toit de sa maison recouverte de tuiles rosées. Cette structure étonnante en carborundum, elle l'avait faite installer pour protéger sa maison des fortes chaleurs dégagées par sa fusée, lorsqu'elle partait dans l'espace.

Aujourd'hui, fin 2035, un responsable vient de l'appeler. Elle doit partir immédiatement, il n'est plus temps de rêver !

Elsa vérifie tout de suite où se trouve Zorba, son robot. Elle le voit près de son bureau.

Elsa caresse le dos de Zorba. Alors, comme un animal, celui-ci s'étire, réveillé par ce signal. Sa maîtresse va quitter la maison. Il lui faut surveiller et nettoyer chaque pièce, donner à manger au chat pendant son absence. Zorba est programmé pour cela.

Il est connecté avec sa maîtresse et s'il y a un changement il agira en fonction des données reçues.

Zorba, commence à se déplacer avec ses quatre pattes munies de quatre ventouses. Il semble ainsi danser comme la danse du même nom. Il signale par une lumière qu'il est prêt. Elsa peut partir tranquille, il s'occupe d'ouvrir, de fermer les portes et les fenêtres tout en veillant à l'intérieur de la maison.

Elsa appelle, Norbert, son chat noir et blanc, avec des yeux vert vif. Il ressemble à Félix le Chat. Perché comme à son habitude dans la partie la plus haute de son pommier, il est allongé, telle une panthère noire sur une branche fine.

Elsa redoute toujours que les branches plient sous son poids et qu'il tombe. Mais, non. Norbert, le félin, descend en s'appuyant sur ses coussinets, branches par branches pour atteindre le sol.

Elle veut l'emmener pour ce rendez-vous. Norbert est discret et malin. Elle pressent qu'elle peut avoir besoin de lui pour cette mission.

CHAPITRE III

LA DROSÉRA

Elsa décide de partir avec son véhicule hybride qui fonctionne à l'hydrogène. Il ressemble à un animal avec ses deux ailes repliées, mi-grenouille, mi-sauterelle.

L'arrière surélevé, est composé d'un gros cylindre fuselé avec une grosse hélice, sorte de propulseur, complémentaire aux deux petites hélices latérales qui s'extraient de dessous les sièges pour passer en mode hélicoptère ou avion. Ainsi, elle peut soit rouler sur route, soit voler. Cela dépend du lieu où elle se trouve.

Elsa sort la voiture de son garage et se rend sur une petite butte à l'arrière de sa maison. Elle va passer en mode hélicoptère pour sortir de chez elle, puis en mode avion afin de voyager plus rapidement. Elle ira directement aux Mureaux, sans passer par Paris.

Norbert est dans sa panière et s'endort. Il fait confiance à sa maîtresse. Bien sûr il préfère rester dans les arbres pour guetter les oiseaux… Cependant avec Elsa il va parfois encore plus haut que dans le pommier et il aime bien la hauteur.

Fred et Charlie viennent d'atterrir sur le terrain des Mureaux en même temps qu'Elsa.
Après un bref salut, ils se dirigent vers les bâtiments gris.

28

Un employé qui avait reconnu Elsa, les fit entrer dans une salle assez vaste, bien éclairée par de larges vitres.

Otneil est présent dans la salle. Il a posé sur le bureau, un petit pot qui contient une plante. Elsa reconnaît tout de suite une droséra. Cette plante qui possède un cœur vert d'où émergent de longues tiges aux extrémités rondes, comme de petites boules rouges.

« Oh ! Dit-elle, ces plantes sont magnifiques et elles poussent dans les tourbières. Puis, se rappelant leur aventure dans la station spatiale (Livre : *Les amis d'Elsa 2035)*

...Tu ne vas quand même pas nous faire manger des droséras !

- Non, effectivement. Ce sont elles qui captent tous les insectes qui se trouvent à leur portée... Et, dit-il, avec un ton mystérieux, comme tu le sais, elles sont carnivores.

- Quelle drôle d'idée as-tu de venir avec une plante carnivore ! Tu en as d'autres ?

- Oui, oui. Tu verras cela nous sera peut-être très utile le moment venu. As-tu reçu ton ordre de mission ?

- Non, pas encore, je vais l'avoir dans quelques instants.

- Très bien, alors tu comprendras ! »

En même temps Elsa pose délicatement le panier dans lequel se tient Norbert. Celui-ci se hasarde à regarder autour de lui. Sa tête sort du panier, ses yeux observent la salle. Voyant que rien n'est intéressant comme action à mener, il se recouche.

« Eh ! Tu as amené ton chat ! Que vient-il faire ici ? » s'exclament Fred et Otneil d'un même élan.

- C'est pour nous distraire. Norbert est un futé. Il renifle tout ce qui ne va pas. Quand tout va bien, il dort. Sinon, il monte la garde, haut perché très souvent.

- Alors vous deux, dit Charlie, entre vos plantes et vos animaux… nous voilà bien entourés. Je ne sais pas ce que va dire notre patron quand il va voir cela !

- Rien, comme à son habitude. L'originalité ne le concerne pas. Il veut des résultats, c'est tout. Nous aurons une mission à mener et nous devrons la mener. Le reste, cela ne l'intéresse pas.

- Dis, si nous avons le temps, nous irons faire un tour au bureau de la Sûreté, propose Fred.

- Oh, oui ! » approuvent Otneil et Elsa.

Le coin détente, ils ne veulent pas le manquer.

Charlie, le chef de l'équipe demande :

« Au fait, comment se fait-il que Midori ne soit pas arrivée ? »

Fred les regarde les uns après les autres. Son visage devient rose d'une émotion qu'il ne parvient pas à contenir … À la fois joyeux et timide, il ajoute :

« Euh. Vous savez que depuis notre dernière mission, nous avons décidé de vivre ensemble avec Midori. En fait, Midori n'allait pas très bien. Cependant ne vous inquiétez pas, ce n'est peut-être que passager… »

Fred hésite, puis se lance, toujours avec ses célèbres « peut-être », qui caractérisent sa culture scientifique :
« Midori est peut-être enceinte. Nous aurions dû avoir les résultats du test lorsque nous avons reçu l'ordre de venir.
- Mince alors il va nous manquer une coéquipière.
- On communiquera avec elle. Midori pourrait peut-être participer de loin sur ordinateur si vous êtes d'accord. »

Charlie réfléchit avec cette profondeur de regard tellement expressif, qu'il semble parler sans prononcer un seul mot. Charlie est un homme élancé, les cheveux châtains, plats et aux yeux couleur noisette. Il est le chef du groupe.
« Nous ferons comme si Midori était avec nous dit Charlie. C'est O.K ! »
Alors, d'un seul tenant, ils prononcent leur phrase magique :

« Un pour tous et tous pour un » disent-ils en éclatant de rire.

A cet instant le responsable de la mission entre dans la salle.

Il observe Elsa. La seule femme de l'équipe. Elle lui parait menue, frêle. Cette jeune femme brune, cheveux courts, les yeux noirs au regard enfantin, sera-elle adaptée pour cette mission ?

Puis, il passe en revue Fred, ce jeune homme dont les sourcils épais semblent former un trait sur son front. Il se dit sans aucun doute, celui-ci paraît sérieux et plus mature.

Ensuite il se tourne vers Otneil. Son regard se fit interrogateur, voire sévère. En effet, Otneil pétillant de malice, avec son large sourire, porte le soleil d'Afrique sur lui.

Charlie prend la parole et tranche :
« Cela fait plus de huit ans qu'Otneil est dans le service de Sûreté, vous n'aurez aucun souci avec lui. »

Charlie est un homme légèrement plus grand qu'Otneil. Il a cependant une stature qui laisse voir son rôle de chef. Son visage mince, dont les sourcils épais semblent le protéger de la lumière, affiche la franchise de son caractère. Il connaît son équipe et il ne laissera personne la modifier.

« Il manque quelqu'un dit le responsable. Nous avions dit une équipe de cinq et vous n'êtes que quatre.
- Exact, dit Otneil. Vous savez compter … dit-il heureux de le contrer. Seulement, voyez-vous nous avons des équipiers qui portent des tenues qui les rendent invisibles. »

Charlie n'a pas eu le temps de l'arrêter.

Le responsable se tourne furieux vers lui.
« Vous voudrez bien m'expliquer de quoi il en retourne ? ! »

Charlie se ressaisit et avec sérieux répond calmement :

« Oui, il nous arrive de porter des tenues qui nous rendent presque invisibles, un peu comme les avions furtifs. Ici, ce n'est pas le cas. Midori sera présente à distance. Elle gère les liaisons informatiques et n'a pas pu venir. Elle ne pouvait pas faire le déplacement en si peu de temps. Vous pourrez vous adresser à elle par visioconférence, si vous le souhaitez.
- Et l'ordre de mission, elle le signera quand ?
- En même temps que nous, répondit Fred, en sortant son ordinateur. Elle va me le renvoyer, signé dès que vous nous l'aurez remis et je vous le redonnerai, si cela vous convient. Cela prendra cinq minutes, peut-être six…
- Je vois que vous êtes une équipe de choc ! Reprit le responsable. Je ne sais pas si cela suffira pour cette mission qui présente des dangers divers et variés. Installez-vous, je vais vous expliquer. »

Chacun prend place autour du bureau sur lequel trône la Droséra d'Otneil.

« Quel est cet objet ? Demande le responsable.

- Une plante que l'on appelle une Droséra, répond Otneil. C'est ma plante fétiche. »

Considérant qu'il avait affaire à un original, le responsable ne chercha pas plus d'explication.

Elsa attend avec impatience l'ordre de mission : elle veut comprendre le rôle de cette droséra dans cette mission. Otneil semble sûr de l'importance de cette plante.

« Vous aurez à vous déplacer dans des zones ancestrales afin de vérifier si des opérations anormales se déroulent encore. Par exemple une attaque bactériologique. Nous ne savons pas trop. En effet un diplomate est décédé récemment suite à une piqûre d'insecte. Nous ne comprenons pas ce décès. Il y a effectivement des moustiques dans cette zone. Jusqu'à présent, les personnes lorsqu'elles étaient piquées, avaient des marques sur le corps et cela les démangeait, sans plus. Ici, il semble que ce soit un assassinat politique. »

Elsa vient de comprendre le rôle de la Droséra. Comment Otneil a-t-il déjà eu l'information ? Le Service de Sûreté lui en a-t-il parlé ?

Le responsable continue de définir la mission :
« Les opérations peuvent se dérouler par des systèmes informatiques. Soyez vigilants. Vous partirez dans ces zones désertiques sous prétexte d'y mener des recherches en paléontologie dans des tourbières ou terrains incultes, entre autres. Normalement il y a deux ou trois cabanes qui se situent sur le site. Vous pourrez y manger, voire y loger si vous le jugez utile. N'oubliez pas, vous êtes censés être des paléontologues et vous allez sur place pour étudier la préhistoire. Le lieu se situe en Irlande du Nord.
Nous avons retenu un hôtel où vous pourrez vous installer pendant un mois. Les cabanes vous serviront de lieu de

discussion. Si vous êtes en danger, elles vous serviront de refuge. Nous vous apporterons des ravitaillements soit par voiture, soit par des colis lancés depuis un avion, si nécessaire.

Ainsi vous serez à la fois près de l'Angleterre, du Canada, de la Russie, de l'Europe et des États-Unis.

Vous aurez des correspondants sur place, en Finlande, en Suède et au Royaume-Unis, en fonction de l'évolution de la situation.

Votre mission commence dès maintenant. »

CHAPITRE IV

LE CERF VOLANT

Le responsable se lève en leur souhaitant :
« Bon vent, comme on dit chez moi. »

Puis, il s'arrête de parler. Son regard se tourne vers la fenêtre ouverte :
Un papier vient de tomber près de Fred. Sa forme ressemble à un cerf-volant.
Fred sourit. C'est le message de Midori : elle attend un bébé !
L'équipe a compris le message.

Le responsable ferme la fenêtre et sort, puis se ravisant il revient dans la salle et s'installe auprès de l'équipe.

« Maintenant il s'agit de définir aussi comment vous allez vous rendre sur place. Il me semble que vous êtes tous venus par vos propres moyens. Si cela vous est possible de partir par hélicoptère, il vous

39

faut en trouver un rapidement, les nôtres ne sont pas assez discrets.

- Oui, c'est possible avec le mien, répond tout de suite Elsa. Mon véhicule a le triple avantage de se transformer en voiture, en hélicoptère et même en avion. »

Surpris le responsable regarde Elsa en s'interrogeant à nouveau sur ces personnages étranges qu'il vient de rencontrer.

Une voiture qui se transforme en hélicoptère ! Jamais vu ! Ils se moquent de lui ou ils sont vraiment originaux ?

Charlie impartial le regarde et lui dit :

« Effectivement avec les nouvelles technologies, sa voiture qui est aussi un hélicoptère peut se transformer en avion. C'est du matériel très résistant. Sa voiture est également amphibie. Elle peut passer dans des zones humides sans aucune difficulté. Avez-vous d'autres remarques à nous faire ?

- Non. Tenez-moi au courant dès votre arrivée. Nous vous ferons suivre les instructions.

- Par quel réseau ? demande Fred.

- Comment ? Le seul que nous utilisons, c'est à dire internet.

- Trop risqué pour nous, je suggère de passer par mon poste de commandement tenu par Midori, celle qui n'est pas venue aujourd'hui.

Vous lui enverrez vos instructions. Ensuite comme nous sommes reliés par télépathie, avec une puce sous nos oreilles, elle nous transmettra toutes les informations immédiatement. Ainsi, il n'y aura pas d'interférences possibles. Elle nous codera vos messages.

En quelque sorte vous ne communiquerez qu'avec elle. Jamais avec nous. Nous serons des inconnus pour vous et pour eux aussi, même si elle et vous, vous êtes sur écoute, ils ne nous capteront pas. »

Cette fois, le responsable ne cherche plus d'explication. Toutes ces nouvelles technologies le dépassent. Pourquoi n'en n'étions-nous pas restés aux ordinateurs et téléphones portables ?

Il quitte la salle perplexe. Que va donner cette mission ?

L'équipe éclate de rire…

« Et en plus, dit Elsa, heureusement que tu ne lui as pas dit pour le papier qui vient d'arriver par la fenêtre, que c'était un message personnel. Il ne supportera plus les fenêtres ouvertes ! D'ailleurs, tu as vu avec quelle vitesse il est allé la fermer !

- Alors ce cerf-volant, c'est que tu vas être papa ! Et ça se fête ! Continue Otneil.

Allons vite saluer les gars de la Sûreté, on a juste le temps pour prendre un pot avec eux et vérifier si mes plantes se portent bien. »

Otneil et Elsa connaissent les bâtiments. Ils arrivent dans le petit salon au fond du couloir où se trouve la Sûreté. C'est Janös qui les reçoit :

« On vous attendait. Ton colis est prêt Otneil. Nous avons suivi tes instructions pour la fabrication. Tu peux l'emmener facilement c'est comme un sac, seulement avec ses compartiments gonflés d'hélium tu ne sentiras pas le poids sur tes épaules. »

Cette fois Elsa n'a aucun doute. C'est Janös qui a donné le signal à Otneil ; ils ont déjà organisé les bagages de protection. Merveilleux ! D'ailleurs, Janös leur propose de prendre chacun un cadeau personnel : il s'agit d'une tenue adaptée à leur taille, ainsi que des moustiquaires.

« Tu veux nous uniformiser ? Demande Charlie.
- Non, chaque tenue de gala, est différente suivant les personnes. Elles ont la particularité d'avoir des mailles très fines et sont prévues pour révulser, non pas les insectes, mais les aimants. Ainsi, les faux insectes ne peuvent pas vous piquer.
Vous devrez la mettre surtout pour les sorties officielles. En effet lorsque vous êtes en mouvement, les robots-insectes ne sont pas prêts pour attaquer. Ils attendent que les personnes soient statiques. Je vous

déconseille de faire les statues grecques ou de jouer aux menhirs.

Comprenez bien que le diplomate a été tué au cours d'un concert irlandais. Il était captivé par ce qui se passait sur la scène. Les danses irlandaises sont magnifiques et la musique envoûtante. Seulement, il semble qu'une crème magnétique ait été déposée sur son cou et cela a dû servir de repère pour le robot, faux insecte. Ainsi il est allé directement sur sa cible. Un système qui peut venir de la coopération entre russes et chinois. L'insecte est miniaturisé et passe inaperçu. L'informatique quantique aide à la préparation et les crèmes attirent l'insecte-robot. Quand il atteint sa cible, il retourne vers le lanceur.

Dans votre cas l'insecte-robot sera révulsé par votre tenue.

- Ton histoire, c'est un peu comme les vaudous… avec les plantes toxiques et les flèches empoisonnées. En plus moderne, remarque Otneil.

- c'est exact. Et les zones humides, ce n'est pas de tout repos ; il y a plein de bestioles

indésirables et désagréables : moustiques, batraciens… la gadoue, quoi !
- Oh ! Dit Elsa. Il y a aussi des oiseaux comme les milans noirs, des chouettes, des crapauds à ventre jaune, des tritons…
- et des droséras, renchérit Otneil. »

Janös se dirige vers une armoire et l'ouvre :
« Choisissez vos fétiches ! Otneil a choisi les plantes. Que veux-tu Elsa ?
- Les lézards et les tritons !
- Et Charlie ?
- Les crapauds et les grenouilles »

A ce moment une feuille entre dans la pièce et se pose sur la table basse, ronde, qui se trouve près d'eux :

« Une chauve-souris, dit Fred ! Ce sera le colis pour Midori ! Moi, je veux les araignées, c'est discret, cela leur fera penser que je suis un original de plus, et puis ils ont pris l'habitude avec les araignées de Cédric Villani.

- O.K. Tout le monde a sa valise ou son sac. Vous ne les ouvrirez que dans les conditions suivantes (Janös prend une pose avant de poursuivre ses consignes) :

Vous serez invités dans des lieux différents. Vous rencontrerez des autorités sous prétexte que vous êtes des chercheurs en paléontologie et qu'ils vous feront les honneurs de la conversation. Ils veulent connaître leur patrimoine.

Il se peut que pendant ces galas, l'un de vos invités soit attaqué par un insecte. Si vous percevez un insecte anormal, qui vous semble guetter sa proie, alors au moment où votre hôte est à l'arrêt vous devrez repérer d'où viennent les insectes-robots, vous pourrez sortir vos fétiches si cela paraît possible de protéger la personnalité qui est prise comme cible. Les gobe-mouches, fétiches, se chargeront d'éliminer l'intrus. »

Janös s'arrête un instant, puis reprend plus solennel :

« Si par hasard, vous-mêmes êtes attaqués parce qu'ils ont décelé vos actions de prévention, il s'agira pour celui qui serait concerné, de feindre d'avoir été piqué et tué par cet insecte robotisé. Le vêtement que je vous ai remis, doit vous protéger. Cependant, vous devrez en cas d'attaque, faire le mort. Immédiatement, un service hospitalier vous prendra en charge. Les attaquants vous croiront éliminé. En fait, vous serez mis sous protection. Il nous faut connaître les auteurs de ces meurtres. C 'est votre rôle et il n'est pas facile. »

Charlie regarde son équipe et dit :
« Nous sommes prêts. Qu'en pensez-vous ?
- Un pour tous, et tous pour un ! »
Cette fameuse phrase prononcée par les Mousquetaires dans le roman écrit par Alexandre Dumas leur allait comme un gant. C'étaient eux les Mousquetaires, trois hommes et deux femmes... plus d'autres amis qui se joignaient parfois à leur équipe.

L'équipe salue Janös. Ils partent avec leurs nouveaux bagages et se dirigent vers le véhicule d'Elsa.

Ils aperçoivent cette merveilleuse machine d'une couleur blanc-nacrée avec des parties basses noires couleur encre de Chine.
Elle ressemble sur la partie avant à une ancienne D.S. cette voiture présidentielle du Général De Gaulle. Cependant l'arrière est rehaussé avec ses ailes repliées sur les côtés qui forment comme les pattes d'un animal prêt à bondir et à l'arrière on peut voir le propulseur en forme de cylindre.

Elsa leur explique que les moteurs et les hélices sont cachés sous le véhicule, dans la partie sombre. Les ailes arrières lorsqu'elles se déploient sont ensuite tournées vers le haut pour passer d'abord en mode hélicoptère afin de soulever le véhicule de son stationnement.

Puis les deux hélices qui tournent de chaque côté du véhicule font monter lentement le véhicule. Ensuite, dès qu'ils sont à une hauteur suffisante, Elsa passe en mode avion en inclinant les hélices vers l'avant, ce qui permet d'aller à la vitesse normale d'un avion.

Pour l'atterrissage, le véhicule repasse en mode hélicoptère, tout en positionnant ses roues. L'atterrissage en douceur est immédiat. L'engin semble se poser sur une place de parking.

La lumière blanc-nacrée de la coque, les grandes baies vitrées et les ailes repliées lui donne cet aspect mi-grenouille, mi-sauterelle avec une haute technologie condensée dans un véhicule pas plus grand qu'une voiture classique.

« C'est merveilleux, dit Elsa. Et vous apprécierez le confort ! Comme il fonctionne à l'hydrogène, il n'y a aucun bruit, sauf celui des hélices !

- Et il faut frotter sur la carlingue pour que le génie nous emmène dans les airs ? » Demande Charlie enthousiaste d'essayer ce bijou de technologie.

50

CHAPITRE V

LES TOURBIÈRES

Janös a raison, ces valises sont ultralégères alors que le matériel contenu est lourd.

La couleur blanc-nacrée brille sous la lumière du soleil d'automne et ils retrouvent facilement l'emplacement, parmi les teintes plutôt bleutées des autres véhicules.
Les portes sont larges et vitrées. Ils s'installent dans la cabine spacieuse et bien éclairée. Fred et Otneil s'installent à l'arrière. Elsa et Charlie devant.

Les sièges d'un blanc laiteux sont confortables. Le dessous est noir pour rappeler les couleurs externes.

Elsa prend les commandes. C'est elle qui pilote pour l'instant, sachant que Fred peut prendre la relève. Lui aussi a son diplôme d'aviation pour ce nouvel appareil.

Elsa se souvint qu'elle avait passé son B.I.A. (Brevet d'Initiation à l'Aéronautique dans son lycée en seconde. Sa professeure de mathématiques lui avait conseillé d'aller aux cours d'un enseignant en physique, passionné d'aviation. En effet, il proposait des cours gratuits d'initiation, ce qui lui permettait d'entretenir ses heures de vol à lui, tout en donnant des cours de physique en lien avec des applications concrètes.

Comme Elsa avait ce projet de pilote d'avion, elle prit des cours régulièrement. Maintenant elle entretenait ses heures de vol sans difficulté en raison de son travail.

Elsa aime ces moments où l'hélicoptère – avion décolle du sol et commence à s'élever dans les airs. La cabine équipée avec tous les instruments informatisés possède un tableau de bord où s'affichent des chiffres lumineux, où des aiguilles tournent pour indiquer l'altitude, la longitude, les degrés de température.

Elsa connaît parfaitement son véhicule et le pilote à la perfection.

Charlie sort sa carte afin d'indiquer les directions à Elsa.

Fred surveille par ordinateur les prévisions météorologiques et préviendra en cas de modification du climat.

« Chouette ! On part dans un endroit merveilleux ! Les tourbières d'Irlande, annonça Elsa. Vous connaissez les tourbières ?
- Ah, oui, confirme Otneil. Nous pourrons ramener du Whiskey fabriqué avec la tourbe et on pourra faire une fête chez moi !
- Une fête chez Otneil, cela ne se refuse pas ! Dirent-ils tous ensemble.
- D'accord, dit Charlie. Par contre là-bas, sur place, pendant la mission, pas une goutte d'alcool. Qu'en pensez-vous ?

- Oui, c'est trop risqué convint Elsa. Restons prudents et unis. »

Ils avaient ainsi avancé en survolant le continent. Le véhicule fonctionnant à l'hydrogène, le moteur est silencieux. Seul le bruit des palmes qui tournent à droite et à gauche du véhicule se fait entendre.

Une légère brume passe au-dessus des terres, signifiant une humidité plus importante sur cet endroit.

« Je vous préviens, dit Elsa. Les cabanes ne peuvent pas être dans les tourbières, ou si c'est le cas, je n'y dormirai pas. Je veux un terrain sec pour me reposer.
Je connais parfaitement les tourbières. Vers onze ans mes parents m'emmenaient dans les tourbières en Montagne Bourbonnaise dans l'Allier et nous marchions en faisant très attention au terrain. Parfois, il y avait des endroits où la profondeur de l'eau était peut-être supérieure à dix mètres. Nous avancions

les uns derrière les autres souvent en nous tenant les mains. Il fallait avancer sur les touffes de tourbe qui étaient les plus stables et se méfier des trous d'eau.

C'est un monde à part. Nous avions l'impression de flotter. Nous sentions la pression de l'eau et le mouvement que nous impulsions en marchant se répercutait dans un balancement continu en fonction de notre avancée. Parfois, nous redoutions les risques de chutes dans l'eau.

C'est une eau fossile qui est restée enfermée depuis des millénaires dans les sous-sols, sous la tourbe. En fait, ce sont des poches d'eau qui ne communiquent pas entre elles. Quand nous sommes dans les tourbières nous avons le sentiment d'être dans le monde de la préhistoire, c'est pour cela que les paléontologues adorent ces terrains. Ils y trouvent des informations sur les graines anciennes par exemple.

- Et les botanistes vont y recueillir des Droséras, des Linaigrettes, des Canneberges, des Sphaignes, du Lycopode en massue, du Camaret des marais et de la Tormentille…

- Et d'autres scientifiques recherchent le lézard vivipare… intervint Elsa

- Ou le Pipit Farlouse, les Pouillots Fitis, ... Un jour, ils vont peut-être retrouver, Pitit, le robot de Yvan ! dit Fred

- Ou un Faucon Pèlerin, lui murmura Midori par télépathie.

- N'oubliez pas la Grenouille Rousse, conclut Charlie.

S'ils nous sollicitent pour en parler, le sujet ne sera pas près de se tarir. Tant mieux. Nous sommes pour eux des paléontologues, nous devons réviser le sujet auparavant ! Donc répétition générale en commençant par les définitions d'une tourbière. Qui commence ?

- Moi, dit Fred. Ce sont des milieux humides ou marécageux, dans la profondeur desquels, les végétaux aquatiques qui y croissent, se décomposent lentement sur place, dans l'eau, à l'abri de l'air, engendrant la tourbe.

- Et, dit Elsa on y trouve des tourbières basses dans les vallées où l'eau affleure en quasi-permanence, à réaction alcaline et des tourbières hautes, à réaction acide.

Les tourbières jouent un rôle très important dans la biodiversité. En effet, elles abritent, servent d'étape migratoire, de lieu de reproduction, d'hivernage et de nourrissage pour de nombreuses espèces d'oiseaux et de batraciens.

Elles permettent de filtrer l'eau ; par ailleurs, il est possible de connaître la végétation qui existait à une époque donnée en étudiant les différentes couches de la tourbe. Notamment grâce à l'étude des pollens, préservés par l'acidité, la faible teneur en minéraux et la forte concentration en carbone de la tourbière, il est même possible de dater exactement ces pollens.[3]

- Attention de tenir compte des tourbières d'Irlande, c'est de leur patrimoine que l'on doit parler, pas de celui du Bourbonnais, renchérit Otneil.

L'Irlande est l'une des terres d'élection des tourbières : elles occupent près de 16,50 %

---

[3] Extraits et vulgarisation de documents scientifiques sur les tourbières Bourbonnaises et Irlandaises.

de sa superficie. L'Irlande dispose d'un climat ultra-océanique humide et frais où les précipitations l'emportent en quantité sur l'évaporation. L'Irlande est composée d'une topographie de plaines et de moyennes montagnes. Les glaces quaternaires ont modelé des contre-pentes, par érosion ou accumulation.

La végétation est le critère de classification le plus aisé.

- En Irlande, reprit Fred, il y a trois sortes de tourbières.

Les *Fens*, ou bas marais sont alimentés par l'eau du sol, provenant soit de sources, soit du ruissellement des versants, avec la réaction alcaline dont tu parlais tout à l'heure. Des arbres, bouleaux, saules, aulnes la composent.

Les *raised bogs* ou tourbières hautes. Le dôme des *raised* est accidenté. On trouve des creux remplis d'eau, « les gouilles » et des bosses, « les buttes ». La flèche arquée des *raised bogs* peut atteindre 12 mètres.

Un premier processus intervient lorsqu'une certaine épaisseur de tourbe a été atteinte, les racines des végétaux perdent contact avec les eaux du sol et les plantes eutrophes cèdent la place aux sphaignes qui s'accommodent des précipitations.

Un assèchement du climat provoque un autre processus, avec réduction des précipitations et/ou élévation des températures et de l'évaporation. Cela peut justifier l'existence d'une tourbe très humidifiée, colonisée par les arbres.

Les *blanket bogs* de montagne et celles atlantiques plus classiques sont des tourbières de couverture. Elles reposent à même le sol minéral. Elles revêtent la topographie d'un manteau uniforme. Par ailleurs, elles sont caractérisées par des plantes herbacées (carex, graminées) et frutescentes (bruyère, airelles)

- D'une manière générale, explique Elsa, une tourbière est un milieu en perpétuelle évolution, qui offre des paysages étonnants. En Irlande elles sont classées en réserves naturelles protégées.

Donc si une tourbière disparaît par exemple par drainage pour récupérer l'eau, par la mise en prairie pour pâturage, par l'exploitation de la tourbe pour faire du feu ou pour faire du whiskey, alors tout un écosystème disparaît avec.

- C'est parfait, admit Charlie. Je vois que nous sommes prêts pour une conférence sur les tourbières. Qu'en pensez-vous ? »

Charlie ne peut pas se passer des avis de son équipe. Cela lui permet d'améliorer si nécessaire les décisions prises.

Cette fois, ils arrivent. La terre d'Irlande du Nord avec ses vastes étendues leur apparue de plus en plus nette.

Elsa a prévu d'atterrir à une centaine de kilomètres de l'hôtel pour passer en mode voiture. Ils se posent tranquillement sur un emplacement adapté, puis ils suivent la route en direction d'Ennisteillen et se rendent en premier dans l'hôtel Lough-Erne-Resort pour se changer.

Ensuite ils iront voir les cabanes et les tourbières.

CHAPITRE VI

L'HÔTEL DU GOLF

Quelques instants plus tard, les voici arrivés près du Lough-Erne-Resort à Enniskillen en Irlande du Nord.

« Que c'est beau ! s'exclame Elsa.

- Pour sûr, on se croirait peut-être en vacances, intervint Fred. Un lieu de rencontre pour les grands du monde.

- Un lieu de « gouilles » tu veux dire ! De quoi s'enfoncer dans les tourbières, commente Otneil.

- O.k., pas de temps à perdre pour inspecter les lieux. Nous descendons nos bagages et bien entendu vous gardez avec vous les essentiels dont vos fétiches préférés. Nous sommes en mission, leur rappelle Charlie. Qu'en pensez-vous ? »

Tous s'affairent. Ils sortent leurs valises et vont chacun prendre la clef de leur chambre pour monter se changer.

Le maître d'Hôtel courtois les reçoit et leur précise :
« Vous avez reçu une invitation pour un Irish Gala qui se tiendra ce soir, ici même, à l'hôtel. Vous avez trois heures devant vous pour vous préparer.
Vous êtes invités par le nouveau diplomate, M. Martin, vers 19 heures. Il vous introduira auprès des consuls et aussi des diverses autorités gouvernementales. Vous pourrez vous présenter auprès de tous sur un espace mis à votre disposition. Vous aurez accès à l'estrade par un petit escalier qui se trouve dans la cour à l'arrière de l'hôtel, juste devant l'entrée du golf. Les participants seront assis dans les fauteuils tout autour. Nous tenons à recevoir les chercheurs dans les meilleures conditions possibles. Il nous importe de connaître notre patrimoine et toutes les personnes qui y participent nous permettent ainsi de développer notre

connaissance du passé et aussi d'améliorer les relations commerciales pour le tourisme. Celui-ci est conquis par notre histoire et nos paysages, n'est-ce pas ? »

« Voici donc leur centre d'intérêt qui vient d'être dévoilé, pense Charlie, le développement économique par le tourisme, pas la connaissance de leur culture millénaire. Était-ce une motivation suffisante pour assassiner un diplomate ? Surprenant. »

Il leur fallait tirer tous les fils pour trouver les causes de ces attaques par les insectes-robots. En effet, il s'agissait du troisième cas suspect ici même. A chaque fois, ils étaient décédés d'une piqûre d'insecte, toujours à des moments de détente, quand ils étaient au repos, en position statique d'écoute ou de lecture. Incroyable coïncidence.
Aucun méfait ne suivait ces exactions. Qu'est-ce qui unissait ces trois personnages ? En quoi étaient-ils

concernés dans une affaire, à priori, d'État ?

Les actes étaient discrets et il était difficile d'accuser qui que ce soit.

Depuis peu, une centaine de personnes, cette fois non gouvernementales, avaient été attaquées et étaient décédées immédiatement après la piqûre. Les journaux restaient sur la prolifération soudaine de ces insectes tueurs et la population commençait à avoir peur de se faire aussi piquer par eux.

Cela avait généré une telle panique que le public réclamait des pesticides rapidement et qu'il n'était plus question de critiquer les effets indésirables des produits chimiques, ni de favoriser la biodiversité ! Il fallait détruire ces insectes.

D'ailleurs on le savait bien, les zones humides sont infectées par ces animaux sauvages et c'est dangereux aussi de s'aventurer dans les toundras.

La nature est pleine de danger. N'est-ce pas pour cela que l'homme s'était protégé dans des espaces urbains. Quelle idée avaient eu les naturalistes et chercheurs, de préconiser un retour à la nature. Ils appelaient cela les services rendus par la nature. Et voilà où on en était en 2035.

Leur retour à la nature avait décimé des quantités de brebis avec les loups. Les insectes maintenant s'en prenaient aux hommes et devenaient de plus en plus virulents. Lors de l'épisode CoVid qui s'était déroulé sur trois années, les naturalistes et chercheurs insistaient sur la biodiversité : C'était d'après eux, la destruction des habitats de la faune sauvage qui provoquait des virus émergents.

L'installation des services rendus par la nature avait eu l'avantage de calmer les gens en leur redonnant des espaces de promenade, dans ces moments de confinement où plus personne ne pouvait rencontrer personne. Ensuite, ces espaces avaient évolué vers des lieux touristiques dès que les frontières avaient été réouvertes. Malgré tout, cela ne suffisait pas à donner une dynamique économique suffisante pour le pays.

Et voilà. Maintenant les insectes prenaient le dessus. Non, la population voulait le retour des insecticides et rapidement. Les nouvelles technologies permettaient de mettre au point des procédés chimiques avec les ordinateurs quantiques. Il fallait les utiliser rapidement et arrêter cette folie du retour au sauvage !

Les journaux et les médias affichaient des convictions très loin de la réalité présente. Bien entendu, les États ne cherchaient pas à modifier les façons d'interpréter ces situations. Cela pouvait même les avantager. Après tout pourquoi ne pas développer une nouvelle économie ?
Le pays avait été frappé par l'épidémie de la CoVid, comme tous, il fallait trouver des options de développement. Pendant la CoVid, la mise en vente des masques, des

gels hydroalcooliques, des respirateurs, des médicaments et la réalisation de soins avaient assuré une économie parallèle. Aujourd'hui l'épisode CoVid était terminé.

Il y avait le tourisme qui reprenait, les insectes tueurs allaient perturber cette économie. Pourquoi ne pas développer ces pesticides avec les calculs quantiques. On pourrait quantifier des pesticides moins nocifs. En créer de nouveaux, grâce aux calculs rapides quantiques, permettait d'éviter les risques de résistance.

Certes le peuple serait de nouveau exposé aux produits chimiques. Après tout, c'est lui qui les réclamait. L'État répondrait juste aux attentes du public. Le seul objectif était de faire repartir l'économie dans tous les domaines quels qu'ils soient. Tous les parlementaires de tous bords étaient d'accord là-dessus. Tout grain était bon à moudre. S'il y avait des malades, on les soignerait et cela ferait aussi marcher l'économie.

L'équipe s'était installée dans le salon et lisait les nouvelles tout en marchant de long en large, comme pour se dégourdir les jambes après leur voyage. Un écran de télévision diffusait les informations.

Ils prenaient note des pistes à suivre pour résoudre leur mission. Tout en s'occupant chacun de leur côté, ils marchaient et évitaient de s'installer dans les fauteuils pourtant accueillants. Ils avaient retenu la leçon. Pas de situation statique.

Charlie les rappela à l'ordre.
« Il faut nous préparer pour le Gala. Nous devons décider, qui fait les présentations et qui surveille. Qu'en pensez-vous ?
- Moi, dit Fred, je surveille dans le parc, avec l'araignée sur mon ordinateur, et Midori qui est reliée avec moi, par puces électroniques. Ainsi nous serons deux et ils ne verront qu'une seule personne. Elle m'a laissé son robot X.T. au cas où...
- Moi, dit Elsa, je présente les femmes chercheuses en paléontologie. J'ai une bonne connaissance des tourbières avec

mes expériences passées sur ces lieux mythiques. J'aurai mon lézard vivipare accroché à ma veste comme une broche. J'aurai aussi mon panier avec Norbert. Vous verrez, il est super ! Il assurera une surveillance de loin, discrète.

- D'accord pour tout, dit Otneil, je présenterai les plantes des tourbières. Leur rareté, leur beauté, et j'aurai mon modèle de Droséra avec moi pour preuve.

- C'est entendu, confirma Charlie, je resterai auprès des diplomates et des autorités qui nous reçoivent. J'entendrai leurs conversations et leurs aspirations du moment. Ils ont l'air pressé de nous rencontrer. Nous n'avons même pas eu le temps d'aller visiter leurs tourbières et d'y faire des recherches, qu'ils nous invitent à un gala. Étonnant ! Bon, j'appelle Jane, pour avoir des nouvelles des enfants avant de nous retrouver comme convenu à 19 heures dans le parc à l'arrière de l'hôtel. »

« Charlie ! Quel plaisir de t'entendre enfin. Je ne savais pas où tu te trouvais en ce moment. J'ai essayé de te joindre lorsque la station spatiale est passée au-dessus de notre maison, mais je n'ai pas eu de connexion, ce qui a signifié pour moi que tu n'étais pas parti dans la station spatiale pour cette fois.

Nous n'avons pas de bonnes nouvelles. Au Musée Européen d'Éducation pour la Paix. Il semble que les États commencent à se menacer entre eux. Nous faisons des réunions pour connaître leurs positions et faire des propositions d'ententes avant que cela ne dégénère. Et, toi ? Comment vas-tu ?

- Besoin de te parler un peu. Avec ce monde un peu fou, cela fait du bien d'échanger avec la famille. Un havre de Paix que tu as su créer et qui redonne le goût de la vie simple. Comment vont les études de Peter ? J'entends de la musique… du violoncelle. Dis-moi, est-ce Kevin qui joue ainsi ? C'est très beau, c'est un Aria me semble-t-il ? Qu'il continue. Mieux vaut tenir un instrument de musique que des robots tueurs... »

Le mot lui avait échappé.

« Pourquoi parles-tu de robots tueurs ? Justement nous sommes en pleine discussion là-dessus. Ils ont accepté d'arrêter la prolifération des armes nucléaires tout simplement parce que cela leur revenait trop cher d'entretien.

Ils ont mis en place des robots tueurs, bien moins chers et plus précis. Ils utilisent des crèmes magnétiques qu'ils posent lors des poignées de mains ou des accolades, ensuite la personne est suivie par le robot qui est attiré par l'élément magnétique. C'est net, c'est ce qu'ils appellent « la guerre propre ». Ils ont commencé à les mettre en place dans les années 2000. Alors, à présent, ils veulent s'en servir.

Je crois qu'ils ne changeront pas de mentalité. Heureusement que nous avons ce Musée qui aide à recréer du lien entre les pays du monde entier. »

Charlie reconnaissait bien là l'utopie de sa femme. Elle avait décidé de réaliser un Musée Européen d'Éducation pour la Paix et de l'installer en France, parce que disait-elle :

« C'est la culture qui s'y prête le plus. Ils sont à la fois Gaulois et aiment également les rencontres conviviales. Ils ont une avance dans le domaine des protections sociales que nous n'avons pas aux États-Unis. »

Elle avait fixé un lieu chargé d'histoire près de Vichy. Le passé de Vichy après la deuxième guerre mondiale et cet ancien site de fabrication d'armes, Manurhin, lui semblait symboliquement un lieu où tout convergeait pour réfléchir à la Paix. Dans ce site combien d'armes avaient été fournies aux pays d'Arabie et autres pays d'Afrique. Ces armes qui avaient été stockées au départ par ces pays, rejaillissaient çà et là.

Il était temps de réfléchir autrement, de mettre en avant une philosophie plus humaine. Les catastrophes climatiques y aideront sans doute » disait-elle à qui voulait entendre ses projets.

CHAPITRE VII

L'ARAIGNÉE

Charlie en était là de sa conversation avec sa femme, lorsqu'il entendit le chant d'une cornemuse. Il se rappela qu'il avait un rendez-vous à tenir pour l'Irish Gala. Il avait une demi-heure pour se préparer.

« Jane, ma chérie, prends soin de toi et des enfants. Tu as raison avec ton Musée. Il nous faut arrêter notre conversation, j'ai un rendez-vous d'affaire. Je suis en Irlande du Nord. Je te rappelle dès que possible.

- bonsoir, Charlie. Toi, aussi prends soin de toi. Nous en avons bien besoin. Ici les enfants vont bien et ils continuent leurs études. Ce sont de bons élèves. À bientôt. »

Pour Jane, Charlie son mari, travaillait avec la N.A.S.A. et avec l'E.S.A. afin de mettre en place de nouveaux satellites pour observer l'évolution du climat. Charlie ne lui parlait pas de son autre travail, ses missions « secret-défense ». Elles étaient confiées en interne et ne concernaient que l'équipe qui y participait.

Charlie monte rapidement se changer. Il a son habit de Gala qui l'attend dans sa valise. Il installe rapidement la moustiquaire au-dessus de son lit, afin de ne pas avoir à la positionner à son retour, sans doute tardif.

La cornemuse continue de jouer des airs Irlandais, des airs entraînants, de fêtes.
Charlie apprécie en se regardant dans la grande glace, le costume taillé sur mesure qui lui a été réservé. Une teinte d'un beige clair qui lui plaît beaucoup. Un costume cintré qui met sa stature en valeur. Avec son sérieux et son calme habituel, il redescend dans le salon et se dirige vers la cour arrière de l'hôtel.

Il est aussitôt accosté par un homme d'une cinquantaine d'années, chauve, un front large, les yeux avenants de quelqu'un qui cherche le dialogue, la conciliation. Cet homme qui se présente à lui, est M. Martin, le nouveau diplomate.

« Venez, dit-il. Je sais que vous faites partie de la Sûreté. Pour eux vous êtes celui qui dirige l'équipe de recherche en paléontologie. Je vais faire les présentations. Vous pourrez faire vos recherches en toute tranquillité. »

« L'information est passée bien vite, se dit Charlie.

Pourquoi sait-il déjà qui nous sommes ? Il a au moins l'honnêteté de me le dire. Nous verrons bien. Je vais le considérer comme un allié. Après tout, lui aussi risque sa vie en remplaçant l'ancien diplomate donc il n'a pas intérêt à nous faire disparaître. »

Tout en marchant, l'homme continue de parler et dit :

« Je sais que Janös vous a remis une grenouille rousse. Qu'en avez-vous fait ? C'est fantastique le nombre de gadgets qu'il a, vous ne trouvez pas ! »

Tout en approuvant de la tête, cette fois Charlie a compris. M. Martin connaît Janös, ce doit être un ancien de la Sûreté. Cependant, Charlie ne répond pas à sa question et reste impassible.

Ils vont, viennent. M. Martin le présente à diverses autorités locales, nationales et internationales.

« Il est temps que ces jeunes chercheurs se présentent, me semble-t-il. Allons ! Qui commence ? »

Elsa vient d'apparaître, dans une tenue beige-rosée, ses couleurs préférées. Sa robe virevolte autour d'elle. Dès qu'elle marche, on dirait qu'elle va s'envoler.
Charlie sourit, se rappelant Elsa se déplaçant avec sa voile solaire dans l'espace.
Elle est suivie par Otneil, qui tient dans sa main la Droséra et fait mine de lui offrir.
Tous deux montent sur le petit podium en bois.

Charlie aperçoit Fred dans la pénombre. Il tapote comme à son habitude sur son ordinateur et doit faire des calculs pour retrouver les objets connectés dans ce lieu où circulent beaucoup de personnes.

En fait, Fred cherche s'il y a un champ magnétique, celui d'une crème posée sur une partie d'un corps.

Charlie vient de lever les yeux. Son regard se porte sur un chat qui est grimpé tout en haut d'un chêne. Norbert ! Le chat d'Elsa. Que fait-il là-haut ? Lorsque tout est tranquille, le chat reste dans sa panière. S'il est monté en haut de l'arbre, c'est qu'il est aux aguets. Il va y avoir un attentat, c'est sûr. Il va falloir veiller sur ce nouveau diplomate si l'on ne veut pas passer pour des incapables.

D'ailleurs, où est-il ?

« Je reste avec vous, si ma compagnie vous convient. » entend Charlie.

Il se retourne. Celui qui vient de lui parler, c'est M. Martin.

« Ouf, pensa-t-il. Il doit sacrément avoir peur pour rester si près de moi. Je ne suis pas bavard et ma compagnie n'a rien de passionnant en conséquence. »

« Je viens d'entendre le discours d'introduction de votre jeune chercheuse, Mlle Elsa. Elle est brillante et ce lézard vivipare sur sa tenue beige-rosée, quelle élégance. Vous auriez pu mettre votre grenouille rousse aussi sur votre veste. Enfin, l'avoir mise sur une épingle pour maintenir votre cravate est aussi très subtil. Elle peut parfois être cachée par votre veste. »

Cette fois, il avait vu la grenouille rousse !
Charlie sourit.
M. Martin lui paraissait de bonne compagnie et il apprécia ce coéquipier imprévu.

Peu après, c'est Otneil qui parle. Il explique la vie des plantes dans les tourbières. Elsa se tient à côté de lui, debout et change parfois de place. Otneil aussi marche de long en large sur le podium. Norbert, le chat est toujours dans les hauteurs. Cependant, Charlie et Elsa viennent de s'apercevoir que le chat a tourné la tête et qu'il commence à avancer sur les branches fines afin de changer de position.

Norbert a aperçu quelque chose qui l'intrigue. Il est temps d'aller voir dans l'endroit où il tourne son regard vert perçant.
Norbert vient de lever une patte comme pour montrer qu'il se passe quelque chose d'important. Il semble flotter sur le bout des branches, comme suspendu dans les airs. Il est discret et à part Charlie et Elsa personne ne l'a repéré.
« Comment emmener M. Martin, le binôme, derrière le chêne ? » se demande Charlie.

Au même moment, Fred vient de sortir de la pénombre et tenant son téléphone il s'avance vers une personne qui est assise dans les premiers rangs. Il s'assoit près d'une jeune femme qui tressaute aussitôt et s'écrit :

« Oh ! Vous avez une araignée sur votre téléphone. Non, non ! Je ne veux pas rester ici ! » Le rang s'agite. Les personnes se lèvent intriguées. Que vient-il de se passer ?

Au loin on entend le chant de la cornemuse qui reprend.

Quelque part, sous le chêne on voit un chat se précipiter sur une libellule bleue.

Elsa appelle Norbert. « Viens immédiatement vers moi. »

Norbert ne se fait pas prier. Il vient et se frotte aux jambes de sa maîtresse. Il ronronne tout en tenant dans sa gueule la libellule bleue.

Elsa prend délicatement l'insecte. Il semble capable de voler. Elsa relâche la libellule bleue. Elle sait. Ce n'est pas un vrai insecte. Elle ne dit rien. Elle voit l'insecte robot repartir sous la chênaie. Quelqu'un vient de le reprendre. La foule

applaudit, pensant qu'elle venait de sauver
une libellule bleue.

Fred et Elsa savent qu'ils viennent de
sauver la jeune femme présente sur le
premier rang. Fred avait trouvé le lieu où il
y avait la crème magnétique. Elsa a senti
l'objet.
Ils sont sur une piste. Seulement, peut-être
sont-ils démasqués, surtout Fred avec son
araignée et son ordinateur.

Il va falloir jouer serré.

Fred s'approche de la jeune femme, celle
qui a eu peur de son araignée.
« Veuillez m'excuser pour cette frayeur
involontaire. Ce n'est pas une vraie
araignée, elle ne vous fera pas de mal. Et,
si vous le voulez je vais vous faire voir
cette belle libellule bleue que j'ai prise en
photo sur mon ordinateur. Elle était prête à
se poser sur votre épaule, semble-t-il. »
La jeune femme écoute, comprend qu'elle
a réagi inutilement et accepte de regarder

la libellule bleue. C'est alors qu'elle aussi comprend.

« Oh ! Ce n'est pas une libellule, dit-elle. »
« Si vous voulez. C'est un Agrion de Mercure. Vous connaissez les insectes ? »

« Bien sûr. Mes travaux de recherche portent dessus. Entre autres je suis chargée de comprendre le comportement de ces nouveaux insectes tueurs et leurs origines. »

Et bien, reprirent Fred et Elsa en cœur :
« Vous avez la réponse à présent. Nous vous aiderons à les identifier. Voyez-vous, cette belle libellule qui venait vers vous, peut-être fait-elle partie des insectes tueurs ? C'est la peur des araignées qui vous a sauvée.
- Et Norbert, le chat ! » Ajouta Elsa

« Bien joué » dit M. Martin admiratif à Charlie.
Ils étaient restés tous les deux à l'écart, comme non concernés par ce qui se passait.

Ils semblaient pris dans leur conversation de salon.

« Allons manger, proposa M. Martin. Votre équipe se débrouillera sans vous. Ils auront tout le loisir de s'alimenter après tant d'émotions. Le buffet est dressé là-bas. Ici, ils vont installer un thé dansant. Tant que nous bougeons et que nous allons chercher nos repas, il n'y aura pas de risques d'attaque. Vous comprenez mon inquiétude, n'est-ce pas ? Je remplace quelqu'un.

On peut supposer que ce diplomate était gênant pour des personnes qui ont des intérêts cachés et donc forcément des intérêts financiers. Inutile d'aller chercher une histoire d'amour qui a mal tournée. Il y a trop de personnes qui ont été tuées par ces insectes-robots. »

Cette fois, M. Martin avait clairement défini la situation dans laquelle il se trouvait. Il lui fallait une protection supplémentaire pour mener sa mission :

rechercher les coupables et leurs raisons. Seul, c'était mission impossible.

CHAPITRE VIII

LE CHANT DE LA CORNEMUSE

Tout le monde tourne autour du buffet. Le repas comprend des spécialités irlandaises, le Ulster fry, avec du saucisson, des œufs, du pain au lait, du pain de pomme de terre et des tomates. Le repas est frugal et bon. La fin du repas s'annonce. On leur propose un Irish Coffee.

L'ensemble de l'équipe refuse d'en prendre. Leur chef a prévenu : aucun alcool. Il ne faut pas déroger.

De nouveau le chant de la cornemuse leur parvint dans le lointain.

Les danses vont commencer. Que faire ? S'installer dans les fauteuils pour le concert ou marcher dans la cour ?

Si tout le monde reste assis, le fait d'être les seuls en mouvement allait les mettre en évidence et ce n'était pas souhaitable.

Ils ont sur eux leurs habits et leur fétiche protecteur. Donc, il vaut mieux s'asseoir. Reste M. Martin qui lui n'a aucune protection. Charlie qui est resté proche de lui, a constaté que M. Martin ne serrait aucune main et ne faisait aucune accolade. Il en conclut qu'il n'a pas pu avoir d'exposition à la crème magnétique et qu'en conséquence chacun peut s'installer sur les fauteuils.

Quant à la jeune femme, Fred l'a prise en charge. Elle a compris, grâce à l'image sur l'ordinateur qu'il ne s'agissait pas d'un vrai insecte. Elle était donc en danger et sans savoir pourquoi, à priori, Fred lui sert de protection. Eux aussi forment un binôme. Est-ce souhaitable ? Fred demande par télépathie (puce dans l'oreille) à Elsa de venir le remplacer auprès de la jeune fille. Il souhaite continuer de repérer les anomalies magnétiques sur son ordinateur. Il ne pourra pas le faire, s'il se trouve près d'elle.

Elsa s'approche et questionne : « Qui est cette charmante personne ? »

- Une chercheuse spécialiste des insectes, répond Fred. Je vous laisse vous présenter.

- Je suis Betty JOHN.

- Enchantée. Je suis Elsa. Si vous êtes d'accord Betty, avant le concert et comme nous avons terminé notre repas, nous pourrions comme toutes les femmes aller ensemble dans la salle d'eau nous nettoyer les mains ?

- Bonne idée ! J'ai les mains un peu grasses. Puis-je vous demander ce que vous faites ici et qui est Fred ? »
Esquivant la question Elsa répond :
« Nous faisons des recherches en paléontologie et après la démonstration de Fred sur l'Agrion de Mercure, je vous propose de bien vous laver les mains et

également de nettoyer vos épaules. Vous avez mis un peu de sauce sur votre épaule gauche.

- Oh ! Je ne vois pas comment j'ai pu mettre de la sauce sur mon épaule gauche. Effectivement j'ai une marque sur l'épaule… puis elle s'arrête. C'est comme une crème brillante, ce point sur mon épaule. »

Elsa en s'occupant à autre chose, montre qu'elle ne veut pas en parler à voix haute. Betty a compris. Elle acquiesce d'un hochement de tête. Elle va se taire. Elle sait que Fred et Elsa vont la protéger et elle apprécie leurs présences.

Betty prend une serviette en papier qu'elle savonne et commence à frotter son épaule. « Je n'arrive pas à l'enlever » constate-t-elle.

Elsa sort un flacon de son sac. « J'ai un nettoyant spécial, si vous me permettez ? »

Janös avait laissé dans la valise d'Elsa plusieurs produits dont un nettoyant pour crème magnétique. Elsa avait la consigne de l'utiliser à condition de remettre le chiffon dans la boîte, sous le lézard vivipare. Elle devra dater le prélèvement avant de l'expédier à Janös pour analyse.

Elsa minutieuse, nettoie rapidement. Elle détache la broche de sa veste, ouvre la boîte qui est sous le lézard vivipare, puis la referme promptement. Elsa replace sa broche. Juste à cet instant, une personne entre dans la salle d'eau.

« Avec ce saucisson je me suis mise du gras partout, explique l'arrivante. Je suis maladroite. Vous aussi vous êtes venues vous laver les mains ?

- Oui, répond Elsa, et comme toutes les femmes nous sommes aussi allées aux toilettes ! » Dit-elle pour changer de conversation.

Vite, elles quittent la nouvelle arrivante.
La sortie n'est pas la même que l'entrée.

Pour sortir elles traversent une immense
salle voûtée, recouverte de briques rouge-
orangé avec des arcades qui se croisent à
chaque pilier. Des tables rondes sont
installées avec de magnifiques fauteuils en
velours argent et or.

« C'est merveilleux comme décor, dit
Elsa ! On se croirait dans un film
fantastique !
- Vivement que l'on en sorte, ajoute Betty.
Par contre, je suis ici pour rechercher des
insectes et en tant que paléontologues vous
aussi vous devez avoir une certaine
connaissance des lieux où ils résident.
Nous pourrions chercher ensemble, si vous
êtes partante ? »

Elles viennent juste de pénétrer à nouveau
dans la cour.

« Avec grand plaisir. Commençons dès à
présent suggère Elsa. Vous voyez Norbert,

c'est mon chat ? Il s'est à nouveau perché très haut. Et bien au lieu d'aller au concert, nous allons suivre son regard. »

Betty découvre alors le chat d'Elsa. Il est à nouveau grimpé au sommet d'un chêne pédonculé. Mais comment fait-il pour se tenir ainsi allongé sur le bout des branches ?
Il se pose comme un sphinx. Il ne bouge pas. Sa tête est tournée vers les taillis et ses yeux verts semblent scruter un animal ou un objet. Il est clairement aux aguets.

Elsa se dit à elle-même :
« Si Betty est une spécialiste des insectes, elle doit savoir avancer sans faire de bruit et aussi se faufiler dans les buissons. »

Elles se dirigent dans la pénombre et en avançant, elles se rendent compte que le son de la cornemuse devient de plus en plus proche.

Il leur semble que cette musique annonce le début et la fin de chaque festivité.

Pourquoi, la personne qui joue n'est pas visible ou sur la scène près des spectateurs ? C'est étrange. Sans le savoir, elles font la même déduction.

A ce moment Betty fait signe à Elsa. Elle veut aller vers la partie à gauche pendant qu'Elsa continuera sa route dans la partie centrale. Elsa comprend. Elles pourront arriver vers l'endroit par deux côtés différents.
Excellent ! Pense-t-elle.

Au même moment, le lézard vivipare d'Elsa se mit à vibrer.
Il ouvre la bouche et tire sa langue comme pour gober un insecte. Il vient de piéger une sorte de moustique. Un bruit furtif indique que quelqu'un s'en va.

Le son de la cornemuse s'est arrêté. Elsa et Betty entendent des bruits de pas et deux personnes qui se rejoignent.

Quelqu'un parle :

« Le moustique va l'atteindre dans dix minutes tout au plus. Nous avons juste le temps de partir. Cela va faire un scandale dans la presse demain. Ainsi, les défenseurs de la nature seront mal perçus par les personnes qui auront assisté à la scène. Les gens vont réclamer des pesticides et à ce moment-là nous n'aurons plus d'obstacle pour en fabriquer en quantité.

- C'est exact. C'est un moyen moderne pour mettre en place des programmes industriels.

- Pour sûr. C'est discret. Un insecte ça vole et ensuite ça disparaît. Introuvable.

- Demain, nous irons dans les tourbières, voir les paléontologues qui sont arrivés. On leur demandera leur avis sur ces insectes tueurs. S'ils nous disent qu'en raison du changement climatique de nouvelles espèces plus virulentes sont apparues, alors nous les mettrons en contact avec les journalistes…

- Et les médias feront le reste !!!

- Pour l'instant, cela fonctionne plutôt bien. Il y a juste la libellule qui a été attrapée par cet idiot de chat. Il a dû se faire mal aux dents.

- Heureusement, que cette femme l'a prise et relâchée. Nous avons pu récupérer la bête. Cela coûte cher de fabriquer ces robots. »

Ils viennent d'arriver vers une voiture.
L'un des deux monte. L'autre, celui qui tient une cornemuse irlandaise, reste.

« Bon, comme d'habitude, tu leur joueras un air pour récupérer l'insecte. Eux, ils pensent que c'est pour annoncer la finale et tu me tiens au courant des événements qui vont suivre.

- Oui, oui. »

Vite Betty et Elsa reviennent vers la scène.
Elsa communique avec Fred.

« Nous avons trouvé les lanceurs d'insectes robots. Mon lézard en a capturé un. Par contre nous ne savons pas qui était visé. Il faut que tu trouves la personne qui a un point de crème sur elle.

- J'ai déjà trouvé dit Fred. C'est un Consul Anglais.

- Alors comme mon lézard a gobé l'insecte, le Consul Britannique ne va pas être attaqué. Que peut-on faire ? Si on veut les faire arrêter, il faut que ce Consul parte immédiatement à l'hôpital en ambulance.

- Pas de soucis. Les araignées comme la mienne, ont parfois du venin… Par contre, ce venin n'est pas mortel. »
Cinq minutes après les sirènes sonnent. L'ambulance arrive. Le Consul Anglais est emmené à l'hôpital.

Au loin le son de la cornemuse se fait entendre. Elsa ouvre la boîte sous le lézard. Le moustique s'envole en direction du son. Le plan a fonctionné, ils ont cru que le

Consul avait été tué, alors qu'il est juste endormi.

Elsa vient d'apercevoir Norbert. Il est couché tranquillement dans sa panière près de Charlie et de M. Martin.

CHAPITRE IX

LE FAUCON PÈLERIN

Ils se retrouvent tous les six autour d'une table afin d'étudier les actions à mener.

Betty explique :
« Les deux hommes que l'on a entendu dans le parc de l'hôtel, ont dit qu'ils iraient rejoindre les paléontologues dans les tourbières. Ils veulent leur faire dire que les dérèglements climatiques ont modifié les écosystèmes et que des insectes nouveaux, plus agressifs sont apparus. Il est donc préférable de les éliminer ; ensuite les médias se feraient l'écho de cette attente de tous : épandre rapidement des pesticides »

Ces remarques permettent de comprendre leurs motivations. Ainsi le but pourrait être d'utiliser les insectes afin de faire croire aux personnes locales qu'elles sont en danger. Ces insectes sont mortels. Les complices de ces crimes ont un intérêt certain à ce que la population exige d'être protégée par les pesticides.

« En fait, ils veulent le beurre et l'argent du beurre, dit Fred. Il semble qu'ils veulent à la fois, désavouer les naturalistes et les scientifiques qui ont fait admettre que la nature était très utile aux hommes et ils veulent aussi que la population achète ou fasse acheter des pesticides. Il y a forcément un lien.

- Ah, pour ça, oui ! Répond Otneil. En effet, on a récemment découvert de nouvelles terres en Irlande, qui contiennent des gisements de pétrole.

- D'accord, pour l'exploitation du pétrole qui ne va pas avec l'écologie, par contre je ne vous suis pas sur les raisons de la promotion des pesticides, dit Betty.

- Si vous êtes une spécialiste en insectes, vous ne l'êtes pas en chimie ! s'amuse Otneil. Les pesticides sont des produits dérivés du pétrole, et actuellement les procédés sont réalisés avec des calculs quantiques, ce qui permet un rendement tellement meilleur que la moindre nappe de pétrole est exploitable.

- je dois reconnaître mon ignorance dans ce domaine, sourit Betty.

- Très bien, concernant les déductions. Il s'agit de savoir qui demain ira dans les tourbières, puisqu'ils ont expliqué qu'ils iraient aussi, pour y rencontrer les paléontologues. Pour l'instant vous êtes deux à vous être présentés au public. Fred n'est pas considéré comme paléontologue et moi, je suis un accompagnateur, donc je ne suis pas censé être sur le terrain. Je reste auprès de M. Martin et Fred auprès de Betty. Nous devons veillez sur eux… et aussi sur vous, ajouta Charlie. Qu'en pensez-vous ?

- Nous sommes d'accord, répondirent Elsa et Otneil.

- Cela me paraît adapté à la situation, dit Fred, à condition que je puisse vous suivre avec mon ordinateur. Donc, peut-être, ne vous éloignez pas trop.

- Très bien. Il est temps d'aller dormir, conclut Charlie. Et je dois téléphoner à Jane, sinon elle va s'inquiéter.

- Je propose de laisser Norbert dans sa panière pour que Betty l'emmène avec elle dans sa chambre, est-ce que cela vous convient ?

- Oh, oui ! dit Betty. Avec grand plaisir. Pourvu qu'il ne se perche pas sur un arbre, cela me réveillerait ! Merci, Elsa pour cette proposition.

- Peut-être, en définitive, continue Elsa, pourriez-vous nous accompagner demain dans les tourbières. Après tout, des chercheurs qui se retrouvent ensemble, ce n'est pas incohérent. De plus, puisqu'ils veulent poser la question sur ce que l'on pense de ces insectes tueurs, si vous allez dans leur sens, ils n'auront plus de raison de vous attaquer et nous aurons tout loisir de les démasquer.

- C'est effectivement plus facile pour moi, répond Fred. Parfois, pour que je sois plus opérationnel, je préfère être seul.

Par contre, j'ai prévenu Midori de la situation. Elle m'a dit que les responsables français s'impatientent et veulent que des solutions soient trouvées rapidement. Il semble qu'il y ait des tensions qui reprennent entre l'Angleterre et l'Irlande et ils redoutent que les accords trouvés l'année dernière sur le gaz soient rompus.

- Ça gaz ! Dit Otneil. Demain, leur affaire est résolue ! Moi, je vais dormir. Il me faut réviser les variétés de plantes dans les tourbières. Elsa, au fait, pense à changer ton lézard vivipare, contre un triton. Il me semble que le chiffon est très attirant pour les insectes. Bonne soirée.

- Pas de soucis. Je change de fétiche ! Nous partirons avec ma voiture dès six heures trente du matin. Nous devons repérer les lieux avant leur arrivée. Les tourbières sont parfois instables et nous devrons faire attention où nous marchons.

- Je connais les lieux, dit Betty. Je suis allée plusieurs fois dans la tourbière. Ce sera plus facile, je vous montrerai où passer et comment éviter les endroits dangereux.

- Tout est bien prévu, observe M. Martin. Vous êtes une excellente équipe. À demain pour le petit déjeuner à six heures. »

La nuit est agréable et chacun est parvenu à se reposer. Le matin arrive avec une légère brume que l'on aperçoit derrière les grandes fenêtres de l'hôtel. Le maître d'hôtel est surpris de les voir déjà en train de déjeuner.

« Nous ne devons pas rester longtemps, explique Elsa et hier nous n'avons pas pu aller sur place observer le terrain, les plantes, les graines et les animaux. Nous partons de bonne heure pour profiter de toute la journée. De plus, le temps d'aujourd'hui est splendide, ce sera plus facile que sous la pluie ! »

Ils terminent leur petit déjeuner en silence. Puis, sur une proposition d'Elsa, Betty et Otneil montent dans la voiture.

Charlie et M. Martin restent converser comme si cela ne les concernait toujours pas. Le panier de Norbert est posé près d'eux. Norbert sort la tête pour observer là où il se trouve, puis se rendort.

Fred s'est installé dans un coin du salon pour appeler Midori.

« Tout va bien pour toi ?

- Oui. J'aurais pu venir. Je ne suis plus fatiguée, tu sais. Comme je suis loin de vous, j'ai pensé que mon faucon pèlerin pouvait aller vous rejoindre. Je lui ai mis une puce sur ses serres pour le guider. Tu sais, il vole à plus de 100 km/h, il devrait arriver dans une petite heure.

- Pourquoi as-tu envoyé Jojo vers nous ! s'étonne Fred.

- On ne sait jamais. Avec des personnages aussi peu scrupuleux, Jojo peut surveiller de très haut et il obéit à tous mes ordres. Si je lui dis de les attaquer très vite, il foncera sur eux, surtout si vous êtes en danger. J'ai pensé qu'ils ne s'attendront certainement pas à être menacés par un oiseau. De plus, il vole très haut et il n'est visible que lorsqu'il descend pour aller directement sur ses proies.

- Oui, peut-être. C'est vrai que tu es maître fauconnier. Alors, c'est toi qui sait comment le diriger.

- Oui. J'aurai besoin que tu me guides pour m'indiquer les lieux où se trouvent le joueur de cornemuse. Tu m'envoies les images directement avec ton ordinateur pour que je les reçoive sur mon écran. Ensuite je m'occupe de Jojo. »

Dans le même temps, Charlie et M. Martin entendent le son de la cornemuse.

Norbert sort de sa panière et se précipite dehors pour grimper sur le chêne.
Charlie propose à M. Martin d'aller se dégourdir les jambes dans la cour.

Le son semble loin, peut-être dans les tourbières. Ils ont sans doute rejoint le reste de l'équipe. Que va-t-il se passer ?

Cela faisait plus d'une heure que Betty avait montré les chemins qu'il fallait prendre pour ne pas s'enfoncer dans le terrain.

Ayant trouvé une des cabanes, ils ont commencé à y rassembler leurs affaires, puis ils ont sorti les jumelles et les appareils photos.

Ils viennent d'entendre le son de la cornemuse. Aucun doute, comme prévu dans leur projet, les inconnus vont venir à priori pour discuter et avoir leur avis sur les insectes tueurs. Il faut être prudents. Ils peuvent modifier leurs intentions.

Ils sont deux à s'approcher vers eux. Ils ne voient pas l'homme à la cornemuse. Il est toujours caché, il n'y a que le son de l'instrument qui leur parvient dans le lointain.

Ils comprennent que c'est un signal et que le son a un sens. Eux ne connaissent pas la signification des mélodies jouées.

Au moment où les deux hommes se rapprochent de leur groupe, Otneil en profite pour prendre une photo des deux protagonistes, puis le son de la cornemuse semble s'arrêter.

Les deux hommes se présentent et veulent donner une poignée de main à l'équipe de chercheurs.

« Nous avons gratté dans la tourbe et nous sommes sales, prévient Otneil. Cela ne nous empêche pas de vous saluer bien bas. »

Et il penche son corps en signe de salut.

« Vous êtes de la région, sans doute ?

- Oui, répond l'un d'eux. Je suis ingénieur dans un centre industriel près d'ici, et mon collègue travaille avec moi, dans les bureaux.

- Oh, très bien. Vous aimez vous promener dans les tourbières, comme nous ?

- Non, pas spécialement. Seulement, comme nous avons su que vous faites des recherches, nous nous sommes posés des questions. Par exemple, que pensez-vous de tous ces insectes qui sont de plus en plus agressifs ? Ne faudrait-il pas les capturer ou les détruire rapidement ? Ils mettent les gens du pays en danger. Tout le monde a peur à présent. Ne pensez-vous pas qu'il faudrait conseiller aux autorités de mettre des pesticides ?

- Je comprends, dit Betty. Bien sûr cela vous semble évident. Pourtant, suivant la catégorie d'insectes, les réactions aux pesticides ne sont pas identiques et certains seront résistants. Ensuite, si vous savez à quels insectes vous avez affaire, cela sera plus facile pour les éliminer.

- Vous savez avec les nouvelles technologies, dès que l'on voit qu'ils sont résistants, c'est possible de créer immédiatement de nouvelles molécules auxquelles ils ne résistent pas ! affirme l'ingénieur.

- Nous allons regarder si nous trouvons des nids. Souvent les insectes aiment les zones humides. Nous avons la journée pour chercher. Nous devrions en trouver. »

A cet instant le son de la cornemuse recommence. Cette fois, le son se fit strident puis comme dans un dernier souffle, le bruit s'arrêta.

« Que se passe-t-il ? » demanda inquiet le collègue à l'ingénieur.

- Allons voir. » dit celui-ci.

Ils se dirigent à grands pas vers de petits buissons bas, assez proches de la baie vitrée de l'hôtel.

Aussitôt, Elsa, Betty et Otneil les suivirent. Ils voient alors le joueur de cornemuse ramasser des restes de son instrument. Par terre gisent des insectes-robots. Otneil prend en rafale des photographies de la scène.

Les hommes se dépêchent de les ramasser. « Maladroit ! Comment as-tu fait pour casser ton ordinateur de bord ? »

Vite, il faut les arrêter.

A ce moment, une ombre passe au-dessus des trois hommes et un oiseau fonce sur l'ingénieur et vient taper son crâne dégarni, avec son bec.

« Mon dieu, dit Betty, effrayée.

- Ne t'inquiète pas, c'est Jojo le faucon pèlerin de Midori, notre coéquipière, lui explique Fred. »

CHAPITRE X

LA POURSUITE

Les trois hommes se précipitent dans leur voiture.
Une discussion violente commence. Le faucon pèlerin plane au-dessus de l'automobile, puis vient donner des coups de bec sur le pare-brise.

Le conducteur voyant l'équipe se rapprocher démarre et fonce sur eux.

« Attention ! Couchez-vous et ne bougez plus, prévient Betty. Ici il y a au moins dix mètres d'eau en dessous. »

L'équipe se couche sur la tourbe, juste le temps d'apercevoir la voiture qui les frôle et s'en va en direction de l'autoroute toute proche.

Ouf ! Ils sont crottés, mais saufs.

Ils rampent pour atteindre le chemin et ne pas s'enfoncer dans l'eau sous les touffes des sphaignes.

« Vite, allons à la voiture, » dit Elsa.

Ils courent à travers la lande déserte à présent.

« Tu es sûre que l'on monte ? As-tu vu dans quel état nous sommes ? Dit Betty.

« Montez. Aucun souci. Zorba, mon robot lavera ma voiture à mon retour. »

Le véhicule s'élance. Elsa a oublié de prévenir Betty. Elle passe en mode hélicoptère, puis en mode avion.

« Mon dieu ! Quelle aventure… dit Betty apeurée.
- Tu auras des histoires à raconter à tes enfants et petits-enfants, lui dit Otneil. »

Cette fois, c'est Midori qui donne les directives à Elsa. En effet, son faucon n'a pas quitté la voiture, il vole au-dessus des fuyards et avec sa puce Midori détecte la direction qu'ils ont prise.

« Ils vont en direction de Belfast. »

Elsa n'a aucune peine pour les rattraper. Ils ne peuvent pas savoir qu'ils sont suivis. Elle aperçoit la voiture qui prend une route secondaire et se dirige vers un manoir.

Pas de doute, ils ont un rendez-vous dans ce lieu.

Il faut prévenir la police et la gendarmerie de la région. C'est à eux d'intervenir.

Fred a suivi sur son ordinateur toute l'épopée. Il a déjà transmis l'information à Charlie. Avec M. Martin, le diplomate, ils viennent de passer plusieurs appels aux autorités. Cependant c'est assez long. Il faut à chaque fois expliquer la situation.
Les autorités parfois ne comprennent pas.
Les insectes robots, ils ne connaissent pas.

Enfin, ils sont mis en relation avec un chef de brigade sur Belfast.

Celui-ci semble comprendre la situation. Il accepte de prendre le relais et de se rendre sur le lieu. Le manoir, oui, il le connaît. C'est un riche industriel qui vient de l'acheter. Il avait rencontré de nombreuses personnalités sous prétexte d'installer une usine chimique. Cela n'intéressait pas les élus locaux, qui optaient pour le tourisme. Une industrie chimique près de leurs hôtels allait nuire à leur clientèle et après les confinements répétés en raison de la CoVid, ce n'était pas le moment de faire baisser à nouveau une économie qui reprenait.

L'industriel l'avait très mal perçu et s'était replié dans son manoir. Cela faisait plusieurs mois que plus personne ne le voyait.
Comme il y avait ce problème d'insectes tueurs, chacun avait oublié ses propositions.

Le commissaire a compris les enjeux politiques et les risques de conflits que pouvait générer la situation. Il fallait agir vite.

Il savait que les robots tueurs avaient été conçus dans les années 2015 : faire des « guerres propres ». Cela tuait moins de soldats et de plus permettait de cibler les personnes à atteindre. D'ailleurs, ils avaient diminué pour ces raisons le nombre de soldats, comme les autres pays, et ainsi, les accords de non-prolifération des armes nucléaires avaient pu être conclus.

« Je prends l'opération en charge. J'envoie un groupe armé sur place tout de suite, lance le commissaire. »

Au même moment, Elsa et son équipe survole le manoir.

Les hommes sont entrés. Les discussions vont bon train. Le directeur de la future industrie comprend qu'il vient de perdre la partie.

« Nous devons partir immédiatement.

J'ai mon hélicoptère dans ma cour arrière. Il faut cependant qu'un des vôtres reste sur place, pour les distraire, le temps de nous éloigner et d'obtenir nos visas par internet. Qui reste ?

- Moi, dit le joueur de cornemuse. J'ai toute ma famille ici. Même s'ils me mettent en prison, j'aurai de la visite. Si vous vous expatriez vous serez seuls sur votre île.

- Très bien. Par contre, vous ne connaîtrez pas notre destination. Cependant, nous prendrons soin de votre famille, pour qu'elle ne manque de rien.

- Je vous remercie », répond le joueur de cornemuse.

Les trois hommes s'éloignent.

À cet instant, le faucon pèlerin qui est allé légèrement moins vite qu'Elsa, vient d'arriver sur place. Il fait le tour du manoir, aperçoit la porte du garage s'ouvrir et l'hélicoptère sortir du bâtiment.

La caméra de Midori filme la scène et Fred reçoit les images. Il prévient immédiatement le commandant chef. Ils vont partir par hélicoptère.

« O.k. j'envoie une autre équipe. Vous les guiderez. Je vous mets en relation dès que je sais qui est opérationnel. »

Les trois hommes sont montés dans l'hélicoptère. Celui-ci quitte le sol et s'envole en direction du Canada.
L'industriel ne s'aperçoit pas qu'il est suivi par le faucon pèlerin.

Elsa, par prudence, a décidé de rester près du manoir et de surveiller toute anomalie.
Elle aperçoit le groupe armé qui arrive. Ils entourent le manoir. Tout est calme.

Elle les voit manœuvrer et les aide aux repérages. Rien à présent ne vient troubler le lieu. Les principaux instigateurs sont partis.

Le joueur de cornemuse se fait arrêter sans sourciller.

« Nous allons récupérer Jojo, à présent. Il a fait beaucoup d'efforts et doit être fatigué. Midori m'a indiqué où il s'est posé. Allons le chercher. »

L'oiseau est là au milieu de la lande.

« Mon dieu, dit Betty. Il est dans les trous d'eau. Nous ne pourrons jamais atterrir !
- Non, dit Otneil. Mais nous pourrons amerrir ! Le véhicule d'Elsa est amphibie.
- Incroyable… »

Cependant, Elsa est plus prudente. Avec les touffes des sphaignes et l'eau en dessous, cela pourrait malgré tout présenter des difficultés. Heureusement, elle vient de recevoir un appel, par la puce implantée à l'arrière de son oreille, et par télépathie elle entend Fred lui dire que le robot X.T. de Midori va venir en aide au faucon pèlerin. Par contre il lui faudra le ramener et pour cela elle doit faire une manœuvre un peu originale.

Le robot X.T. de Midori va passer un filet sous le faucon pèlerin. Puis il tendra un filin qui permettra de soulever le corps du faucon. Seulement, X.T. n'a pas la puissance pour soulever le corps. C'est donc à Elsa de parvenir à saisir le filin sans faire de secousse et de porter le filet hors de l'eau.

Elsa fait alors un demi-tour à la surprise générale. En effet, eux n'ont pas entendu le message et ils ne comprennent pas ce qui se passe.

« Où vas-tu ? Demande Otneil.
- Je m'éloigne, pour laisser la place à X.T. de manœuvrer. Par contre, je ne sais pas comment faire pour ensuite saisir le filin sans tirer aussi sur X.T. ? s'interroge Elsa.
- Comment, dit Otneil tu n'as pas appris en physique la notion des forces.
- C'est à dire ?

- Eh bien, nous installons un palan aérien avec une des ailes de ton véhicule et X.T. déroulera le filin le plus loin possible. Ainsi, le poids sera tellement réparti que X.T. n'aura aucune peine à soulever le faucon, et je suis certain qu'il le fera doucement.

- Tu es sûr que l'aile va résister à la pression du filin ?

- Oui, à condition que X.T. ne s'appuie pas dessus immédiatement et que nous faisions que de petites impulsions juste pour déplacer le faucon à quelques mètres au sec sur le chemin que je vois là-bas.

- C'est entendu. »

Elle passe l'information à Fred qui est aux commandes de X.T. et lui demande son avis.

« C'est parfait, dit Fred. Mets-toi dans la bonne direction, je vais dérouler le filin le plus haut possible tout en amenant X.T. vers moi. Je suis venu sur la tourbière et je ne suis pas très loin de vous à présent.

- Vous êtes vraiment incroyables ! s'exclame de nouveau Betty.

- Alors, si notre compagnie vous plaît, je vous invite à la prochaine fête que j'organise, propose Otneil.

- Et Elsa ajoute : Une fête chez Otneil, ça ne se refuse pas ! »

CHAPITRE XI

LE MONDE DES ÉTATS.

Fred est au bord de la tourbière. Il peut voir le véhicule blanc-nacré d'Elsa et admirer cette sorte d'oiseau magique qui peut se transformer à volonté. Un rêve d'enfant qu'il a vu se réaliser. Il a participé à sa construction et il en est fier.

Fred fait tournoyer X.T. au-dessus du faucon. Celui-ci est engourdi de fatigue. Il comprend que l'on va s'occuper de lui. X.T jette un filet.

Alors, Jojo soulève une patte, puis l'autre pour être entièrement entouré par ce filet de sauvetage. Cet exercice, Midori lui a appris à le faire plusieurs fois. Il connaît la procédure. Il fixe lui-même le chaînon de sécurité qui referme le filet sur lui, évitant ainsi à Fred de faire exécuter la fermeture par X.T. ce qui gagne quelques minutes.

X.T. passe au-dessus du véhicule d'Elsa. Elle saisit le filin avec l'aile droite au moment où X.T. a pu amener le filin jusque dans les mains de Fred. C'est comme si le véhicule venait de se transformer en un cerf-volant géant que Fred tiendrait à bout de bras ! L'exercice est très délicat. Elsa est attentive au moindre effet du filin sur la portance de l'avion. Enfin, le filet se soulève doucement avec Jojo à l'intérieur.

Elsa profite de la dynamique pour faire déplacer le filet légèrement plus à droite, là où se trouve le sentier proposé par Otneil. C'est fait. Le faucon est amené au bon endroit.

Fred renvoie X.T. près du filet. Il réussit à guider X.T. pour défaire l'attache du filin qui retenait le faucon. Maintenant X.T. reprend le filin et s'envole très haut dans le ciel pour ne pas accrocher les hélices du véhicule d'Elsa. Il se place au-dessus de Fred et lentement enroule le filin sous les commandes de Fred.

Elsa peut enfin poser le véhicule sur la tourbière dans un endroit suffisamment solide.

Ils descendent, récupèrent l'oiseau et le mettent dans une sorte de nid douillet qu'ils ont construit avec leurs habits crottés. Jojo se laisse faire. Il peut se reposer à présent. Sa mission a été accomplie.

Des journalistes savent que des paléontologues allaient venir prospecter les tourbières et aussi qu'une spécialiste des insectes se trouverait avec eux.

Ils viennent d'arriver sur les lieux et ont observé l'opération sauvetage. Ils sont médusés. Ils ont mitraillé, pris des photos de cet engin fabuleux qui monte, descend, s'arrête à volonté et ne fait aucun bruit.

« Du jamais vu, du sensationnel. Quel est cet engin ? De dos on dirait une fusée. Ses ailerons lui donnent l'air de voler comme un rapace. De plus, il ne fait aucun bruit. Il a ses deux hélices blanches qui tournent sur les bras articulés. Incroyable !

A-t-il été construit exprès pour eux pour l'étude des tourbières ? »

Ils ne peuvent pas poser les questions. L'avion est reparti dans le ciel et ne s'est pas posé vers eux. Ils courent, ils ont vu Fred qui est occupé à récupérer X.T. et qui se trouve en compagnie du diplomate français. Eux doivent savoir. Ils vont leur expliquer comment fonctionne ce drôle d'objet volant et roulant.

« Pas de soucis, leur dit Fred. Je suis l'un des concepteurs et peut-être que ce soir j'aurai le temps de vous donner une interview. Pour l'instant, vous m'excuserez mais je dois me consacrer à mon rapport auprès des autorités gouvernementales.
Ensuite, si vous êtes disponibles à vingt heures précises vous pourrez me retrouver dans la cour derrière l'hôtel. Pas avant et sans doute pas après vingt heures. »
Fred était d'une très grande précision dans ses horaires. Les journalistes n'avaient pas

à discuter. Ils seraient présents pour l'interview.

Pendant ce temps les gouvernements s'appellent. L'Angleterre vient prendre des nouvelles du Consul.

« Comment va-t-il ? Comment ? Il a été endormi par un astrophysicien français qui se trouvait à ce gala ? C'est inadmissible.

- il lui a sauvé la vie. Il était la cible des tueurs. Ils ont fait croire qu'ils avaient atteint leur cible. Il fallait pour cela qu'il parte à l'hôpital immédiatement et ils n'avaient pas le temps de lui expliquer la situation.

- Ah ! c'était pour qu'il ne soit pas tué par ce robot ! Oh, *my God* ! Dans ce cas, félicitation ! Il sera reçu avec tous les honneurs qu'on lui doit. Il recevra une médaille du mérite.

- Je lui ferai part de votre décision et de l'honneur que vous lui faites.

- Vous dites que ce sont des industriels qui sont à l'origine de ces robots tueurs et de cette panique dans la population. Nous ne pouvons pas expliquer aux gens ce qui se passe. Cela doit rester « Secret d'États ». Nous allons arranger la situation.

- Que comptez-vous faire ?

- Vous ne vouliez pas d'usine pour fabriquer des pesticides sur votre territoire, n'est-ce pas ? Vous ne voulez pas faire fuir les touristes ?

- C'est exact.

- Nous allons vous racheter le pétrole que vous avez trouvé et nous ferons la fabrication des pesticides. Cela relancera l'économie britannique et Irlandaise. Tout le monde en a besoin. Vous aurez l'extraction et nous la fabrication.

- Oui, et surtout... - Cela sera délicat avec l'Union Européenne de leur faire admettre la fabrication de produits pesticides par notre Nation.

- Tandis que nous, nous ne sommes plus liés aux contraintes de l'Union Européenne. Nous fabriquons ce qui nous arrange.

- Exact. Nous, nous avons voté il y a cinq ou six ans pour ne plus employer de pesticides, sauf en cas d'urgence. L'Union

Européenne n'aurait pas admis que nous en fabriquions…

- D'accord, seulement la situation actuelle s'y prête. Les personnes sont à présent persuadées qu'il y a des insectes très dangereux. Elles réclament des pesticides. C'est le moment de leur vendre des produits. Profitez de ce moment pour relancer votre pays et le nôtre. Nous avons quelques préparations en cours que nous pouvons vous fournir immédiatement.

- Entendu. Nous allons remercier les autorités françaises qui ont résolu l'énigme. Nous leur demanderons de ne pas faire de vague ; Nous verrons avec eux pour négocier sur le spatial et les satellites.

- Dites-moi. Lorsque vous aurez arrêté l'industriel, si vous y parvenez, n'est-ce pas… ? Soyez attentif. Notre Consul était chez vous pour négocier avec lui. Nous voulions lui demander de s'installer sur notre territoire. C'est lui qui détient les brevets de fabrication et son ingénieur est formé aux calculs quantiques. Nous aurons besoin de leurs services.

- si nous ne les poursuivons pas, nous négocierons avec eux.

Vous les financerez pour qu'ils fournissent leurs compétences et connaissances des procédés par exemple, moyennant quoi, ils pourraient rester en résidence dans le manoir. Cela réglera les litiges.

- Dans ce cas, arrêtez les deux autres comme auteurs de l'attentat de notre Consul.

- Bien. On s'occupe de contacter le responsable de l'opération en France. Ils ont une bonne équipe, performante, à ce que je vois !

- Vous leur transmettez la consigne suivante :

Ils ne savent rien de ce qui vient de se passer.

- Bon, on s'organise de notre côté. Dès que possible nous offrirons un autre gala et que l'on ne parle plus de cette histoire.

- C'est mieux de négocier ainsi, lorsque c'est possible.

- On a au moins échappé à l'escalade entre pays. »

Contents du scénario qu'ils venaient de construire et de l'accord qu'ils avaient trouvé, ils commencèrent à préparer les festivités.

Deux jours plus tard la cour resplendit de lumières tamisées et colorées d'orange, de rouge, de vert.

L'équipe au complet est allée se changer. Tous sont en habits de gala.
Elsa fait tourner encore une fois sa robe blanche nacrée, légèrement rosée. Elle a mis quelques paillettes sur ses joues et un léger rose à lèvre nacré.

Betty a mis une robe argentée, brillante, avec un grand décolleté dans le dos. Ses cheveux blonds ondulent sur ses épaules. Elle sourit enfin rassurée. Elle a passé un léger trait vert pour surligner ses yeux. Enfin, elle porte la broche avec le lézard vert qu'Elsa lui a prêté pour cette soirée.

Il n'y a plus rien à craindre maintenant. Les deux hommes arrêtés sont soupçonnés d'espionnage industriel et d'avoir voulu obtenir des informations auprès du Consul Anglais. La rapidité des services hospitaliers aurait évité l'enlèvement du Consul… Bien entendu la presse ne doit rien savoir sur le rôle des deux autres, ceux qui sont mis en résidence dans le manoir.

Officiellement, ce sont des personnes qui vont venir étudier les possibilités de répandre des produits chimiques pour limiter le développement des insectes dangereux.

Betty, bien entendu, sait qu'il n'y a pas d'insectes tueurs et qu'il n'est pas nécessaire de mettre des produits chimiques localement. Elle est tenue de garder le silence. En tant que chercheuse, elle ne sait rien de ces nouveaux insectes.

« *Money is money* ». Ils vont financer les recherches de son laboratoire à hauteur de deux cent cinquante millions d'euros. C'est le prix à payer pour son silence. Après cela ils n'interviendront pas dans les recherches menées par le laboratoire et ils auront la liberté d'action sur leur projet d'étude.

Betty est trop heureuse d'être en vie. Elle ne veut pas réfléchir à ces absurdités. Elle mènera des recherches et fera en sorte de protéger la biodiversité malgré ces arrangements mercantiles.

Là, elle abdiquait. L'épreuve était trop importante pour elle.

Elle produira des articles, quand ce sera le bon moment. Elle dira et expliquera que les insectes sont utiles à la vie, que s'ils ont un terrain pour se nourrir alors ils ne viennent déranger personne.

Enfin elle maintiendra que la notion des espaces et des écosystèmes lorsqu'ils sont respectés permettent de ne pas avoir d'effets négatifs.

Les Hommes n'étaient-ils pas plus dangereux que les insectes ? Elle s'était depuis longtemps faite une opinion.

Cette expérience, grandeur nature, venait de lui confirmer sa conviction. Elle s'adapterait, tout en gardant sa ligne et sa direction pour qu'un jour le respect de la nature domine sur les valeurs financières.

Betty frissonna. Le son d'une cornemuse venait de lui parvenir.

CHAPITRE XII

RETOUR AUX MUREAUX

Le gala allait commencer et il y avait des joueurs de cornemuse et des danseurs Irlandais sur la scène.

Malgré elle, Betty rechercha où se trouvait Norbert. Il était dans son panier enroulé sur lui-même, avec une oreille qui remuait comme pour contester le bruit qui venait de l'extérieur et l'empêchait de dormir.

La vue de Norbert l'apaise et Betty peut s'asseoir tranquillement devant la scène, près des Ambassadeurs et des Consuls.

Fred est sous les arbres. Il est entouré par les journalistes qui se pressent autour de lui pour obtenir l'interview sur ce véhicule de l'espace qui fonctionne aussi sur terre comme une voiture.

Fred se lance dans des détails sur les nouvelles technologies du spatial.

« Un prototype a été conçu en 2020 par Terra Fugia. Il s'appelait alors T.F - X. Depuis, il a été amélioré et il est composé d'éléments complémentaires, cependant les éléments de base de ce prototype restent inchangés.

Sa fonctionnalité ayant été éprouvée sur de nombreuses heures de vol, il a été admis qu'il donnait une sécurité de vol, une bonne vitesse et pouvait parcourir de grandes distances. Bien sûr le prix pour accéder à cet engin n'était pas à la portée de tous.

Ils avaient eu ce nouveau prototype pour essai. » dit-il.

Puis Fred continue son interview sur cet engin révolutionnaire :

« Les jeunes chercheurs vendent leur prototype avec un tarif très préférentiel. Cette vente du prototype à tarif réduit paye les frais de fabrication et les ingénieurs peuvent en même temps vérifier sa fiabilité.

Les personnes qui prennent le risque des essais acquièrent ce véhicule à un moindre prix. C'est en quelque sorte cette drôle d'expression « gagnant - gagnant ».

Bien entendu pour le conduire, il s'agit d'avoir son diplôme d'aviation et une unité supplémentaire liée à ce prototype. »

Les journalistes, eux allaient faire la promotion et sans aucun doute la vente allait décoller aussi bien que ce véhicule.

« Le véhicule sera d'abord réservé à une catégorie de personnes aisées, puis les tarifs devraient dans les années à venir se démocratiser.

Ce prototype a l'avantage de libérer des terrains. Les routes ne seront plus qu'un vaste souvenir. Elles vont disparaître au fur et à mesure que ces engins prendront le relais des vieilles voitures inadaptées à un monde tourné vers le futur et la conquête de l'espace.

D'ailleurs, on commence à faire de la culture dans des vaisseaux spatiaux et les aliments y sont bons. » conclut Fred.

« Maintenant, je dois vous quitter. J'ai un rapport à terminer. »

Les journalistes sont sous le charme et font des photos du jeune homme avant son départ. Ils vont vers le véhicule du futur et continuent leur inspection du prototype.

« Merveilleux, pense Elsa ! Ils ont oublié de poser des questions sur les insectes tueurs. Bien joué Fred ! »

Elsa est assise près de Betty. Elles admirent les danses Irlandaises, ainsi que la musique pleine de dynamisme.

Charlie et M. Martin sont toujours l'un à côté de l'autre. Le Consul Anglais leur tient compagnie et se lance dans une discussion avec le diplomate français.

- Vous avez de superbes capacités pour la construction des satellites ; nous aurions besoin pour notre nation d'un satellite pour l'observation météorologique.

Vous savez que le dérèglement climatique a modifié le rythme de notre agriculture et il leur faut s'adapter le plus rapidement possible.

Que pourriez-vous proposer à nos agriculteurs afin que nous ne soyons pas amenés à mettre trop de pesticides ?

- Pourquoi ne pas faire comme nous ? Demande M. Martin. Nous sommes passés à une agroécologie en 2025 et depuis nous n'utilisons pratiquement plus d'engrais, ni de produits chimiques. Nous avons suivi une harmonisation des pratiques avec l'Union Européenne, sous la pression des populations qui ont exigé un Plan Exposome. Ils ont estimé que la majorité des maladies engendrées par les pesticides devaient cesser.

Ainsi, les coûts financiers du poste santé-cancer ont évolué, entre autres. Les frais pour soigner ces maladies modernes étaient beaucoup plus élevées que les frais d'aide à l'agriculture en cas de perte ponctuelle de récoltes.

Nous avons donc diminué les frais de santé et donner plus aux agriculteurs. Cela a été positif et un équilibre a été trouvé.

Par contre, nous avons été amenés à mettre en place des méthodes pour dépolluer les sols avec la phytoremédiation et la phyto-extraction. Au début cela ne donnait pas grand-chose. Nous sommes maintenant dans la phase de réalisation de nouvelles technologies pour dépolluer.

Vous avez tiré les premiers, Messieurs les Anglais ! dit en plaisantant M. Martin. Vous avez proposé de remettre les pesticides à l'ordre du jour.

Et bien, nous pourrions vous proposer une coopération en ce sens.

Vous étendez vos produits, moyennant une dépollution rapide des terrains par nos équipes, dès la résolution des problèmes. »

Le Consul Anglais caresse son menton en réfléchissant.

L'idée lui parait intéressante. Pas de doute, tout le monde s'y retrouverait. L'Irlande fournirait le pétrole. Eux feraient la fabrication des produits chimiques et la France vendrait ces nouvelles procédures de dépollution.

« *Yes* ! Dit-il satisfait. Nous ferons ainsi. Je ferai la proposition dès demain à mon ministère. Vous me direz également comment cela se passe de votre côté, ensuite nous signerons les accords. »

Puis se tournant vers Charlie :
« Au fait, pourquoi portez-vous sur votre cravate une grenouille rousse ? »

Charlie surprit, vérifie. Non, sa grenouille rousse n'est pas visible. Elle est cachée par sa veste. « Comment a-t-il pu la voir ? »

M. Martin lui-même semble surpris de cette observation. Ce n'est pas normal qu'il soit au courant de cette grenouille rousse.

Fred envoie alors un message à Charlie, par le biais de sa puce implantée derrière l'oreille. Personne ne peut entendre le message, sauf Charlie.

« L'État Britannique vous avait mis sur écoute. J'avais retrouvé le canal lorsque je faisais mes recherches sur ordinateur. Ils ont capté votre conversation lorsque M. Martin t'a demandé où tu avais mis ta grenouille rousse. Alors ils se sont questionnés sur la signification de cet objet, mais M. Martin ne s'en est pas rendu compte. Il était sur écoute. Il a été imprudent. Trouve leur une explication… »

Charlie regarde le Consul Anglais et répond :
« Une fantaisie de ma femme.
Elle veut que je mette cette broche sur ma cravate. Vous savez elle est passionnée de contes de fée et elle me dit qu'elle est une grenouille et moi un crapaud.
Alors voyez-vous, quand je mets cette grenouille, c'est pour me dire qu'elle est

présente. Bien sûr je préfère la cacher sous ma veste. Pas de chance pour moi, vous l'avez repérée, comme d'ailleurs M. Martin qui l'avait aussi remarquée.
Elle n'est pas discrète, cette bestiole ! »

Au même instant le bruit d'un coassement se fait entendre.
« Excusez-moi, je dois vous quitter quelques instants, c'est ma femme qui m'appelle. Vous voyez, même l'alarme de mon téléphone, c'est le chant d'une grenouille. »

Les deux compères s'en amusent. « Sa femme doit être un peu bizarre » pensent-t-ils. Heureusement leurs femmes à eux n'ont pas cette demande farfelue.

Charlie parti, ils reprennent leurs conversations sur les échanges commerciaux.

Elsa a vu Charlie s'éloigner. Elle dit promptement au revoir à Betty.

« Au plaisir de vous revoir pour une fête chez Otneil ; et une fête chez Otneil cela ne se refuse pas ! Je dois partir avec l'équipe. Chut… soyez discrète, à bientôt. »

Betty est déçue de les voir partir. Cependant grâce à l'invitation d'Otneil, elle sait qu'elle les reverra et cela la remplit de joie.

Le concert va se terminer.

Charlie, Fred, Otneil et Elsa ont repris leurs bagages. Chacun se glisse dans le véhicule d'Elsa. Sans bruit, l'hélicoptère s'élève dans le ciel. Les ailes tournent en mode avion et prend de la vitesse.

L'équipe est épuisée et ne parle pas.

Seul, Charlie qui pendant toute la mission s'est tenu en retrait, rompt le silence :
« Direction les Mureaux ! » précise Charlie.

Il ajoute avec un large sourire :

« Cette fois nous en avons fini avec ces « *Can I* » et il me tarde de rentrer dans mon havre de Paix. Au moins avec Jane et les enfants nous pouvons parler. Nous nous écoutons, sans être sur écoute !

Quand je pense que Jane veut les éduquer à la Paix ! C'est un labeur qui durera plus qu'une vie. Mission impossible. Qu'en pensez-vous ?

- Oui, sans aucun doute. Je suis content de leur fausser compagnie et également de retrouver ma famille. Aussi je vous propose de faire la fête chez moi ? Dit Otneil.

- Une fête chez Otneil ! Ça ne se refuse pas. Disent-ils tous ensemble, contents de se retrouver entre amis.

- Et nous sommes sûr de ne pas avoir de « *Can I* ». Par contre, peut-être qu'en fonction de Midori, je ne sais pas si je pourrai venir, s'interroge Fred.

- Ne t'inquiète pas. Nous irons tous en Camargue pour cette fête. Tu sais bien que chez moi, c'est partout dans le monde ! Par contre, j'inviterai aussi Betty. Cela la réconfortera de cette mésaventure. »

L'avion avance dans la nuit. Les vastes parkings des Mureaux sont visibles.

Le responsable de la mission est soulagé, ils ont réussi leur mission.
« Une équipe de choc avec ces originaux, pense-t-il. »

Il est derrière la vitre de son bureau. Il a appelé M. Martin. Il sait que les négociations commerciales avancent.

Il va accueillir l'équipe pour leur rappeler les consignes : « silence sur cette affaire. » et surtout il veut voir cet engin dont la presse s'est faite l'écho. Seulement il fait nuit et la vue est moins bonne.

Janös aussi observe leur retour depuis le petit salon dans le local de la Sûreté. Il se dit : « on va préparer une fête chez Otneil ! »

Sous le regard ébahi du responsable, toujours collé aux carreaux de la fenêtre de son bureau, Elsa pose son engin dans une place de parking entre deux autres véhicules.

Charlie a la charge de faire le rapport. Les autres vont repartir dans leur foyer.

Charlie prend le temps de la réflexion avant d'arriver dans le bâtiment. Il souhaite que les protagonistes soient vraiment arrêtés. Le fait qu'ils soient assignés en résidence dans le manoir ne le satisfaisait pas.
« Comment introduire ce point de vue auprès du responsable ? »

Il a besoin de prendre du recul sur la situation et marche lentement. Les discussions en cours entre M. Martin et le Consul Anglais n'étaient pas terminées.

Le fait de vendre du pétrole pour faire fabriquer des pesticides et ensuite marchander des techniques de dépollution... c'était rétrograder. Il expliquerait la situation et il laisserait prendre la décision la plus adaptée du moment.

Il était conscient que l'économie prenait le dessus sur la protection des humains.

Elsa à nouveau seule, songeuse, se questionne :

« Comment créer un avenir meilleur ? »

Elle se souvient encore des cours de philosophie.

« *L'Esprit des Lois* » *de Montesquieu, du principe de la démocratie.*

...

Car il est clair que dans une monarchie, où celui qui fait exécuter les lois se juge au-dessus des lois, on a besoin de moins de vertu que dans un gouvernement populaire, où celui qui fait exécuter les lois sent qu'il y est soumis lui-même, et qu'il en portera le poids.

..... / .... Lorsque cette vertu cesse, l'ambition entre dans les cœurs qui peuvent la recevoir, et l'avarice entre dans tous. »

« Sans aucun doute, songea-t-elle. Comment préserver un modèle démocratique, dans le respect du droit des gens ? Comment faire interdire l'utilisation des nouveaux pesticides ? »

Les négociations n'allaient pas dans ce sens. En fait, la situation était délicate en raison de l'inquiétude qu'avaient suscité les attaques de ces insectes tueurs.

Le silence sur la réalité des faits, avait empêché la population de raisonner correctement.

Elsa repensa alors à cette autre phrase de *Montesquieu* :
« *Le peuple qui a la souveraine puissance doit faire par lui-même tout ce qu'il peut bien faire ; et ce qu'il ne peut pas bien faire, il faut qu'il le fasse par ses ministres.* »
Eux, en équipe, avaient fait tout ce qu'ils étaient capables de faire.

Dans le cas présent, les gens n'avaient aucune action réelle sur les autres décisions, seul le 1er Ministre, ou le Président de la République, avait le pouvoir de faire appliquer la démocratie, de préserver la démocratie dans cet instant de vie.

Ne pas le faire fera basculer la nation dans la corruption du principe de démocratie.

Elsa observe Norbert. Il dort.

C'est à nouveau le moment de rêver son futur. Elsa se plonge dans la contemplation de cette nuit noire où les lumières des étoiles et des satellites brillent dans le ciel clair. Oui, elle veut et peut rêver un monde meilleur et se projeter en 2050.

Le peuple a la souveraine puissance... Cela est-il toujours vrai ?

Elsa se rappelle alors les décisions prises pour faire « propre » et donner une dynamique touristique dans les années 2020 à ce lac transformé en centre de loisirs. Dans ce cadre idyllique, une eau calme entourée de verdure, sans mauvaise odeur, sans aucune saveur, comment ne pas avoir envie de se baigner, ici, de pêcher, ici ?

Les élus voulaient ou avaient oublié l'historique de ce lieu.

Vers 1980, les eaux furent polluées par une radioactivité non naturelle. Cette pollution, qui avait été reconnue au Sénat dans les années 2004, resterait présente pour des millions d'années.

La radioactivité non naturelle n'était toujours pas prise en compte, malgré le Plan Exposome et les commissions santé - environnement.

Le cancer était d'après l'A.R.S. la première cause de mortalité en France.

Combien de morts, par cancer en raison de l'irradiation, cela avait-il provoqué ?

Les élus avaient choisi le développement économique sportif au détriment de la santé, ils avaient détourné la démocratie et manqué de vertu.

Elsa ne veut plus que ces « petits arrangements politiques » reviennent.

Puis retrouvant les paroles de Louisette, sa professeure de mathématiques, Elle se dit : « Peu importe le passé, c'est dans le présent que l'avenir existe, il convient de le rendre meilleur... et aussi de nous garder tous. »

« Nous garder tous », la devise Bourbonnaise « *Gardarem Allen* » qu'elle se plaisait à maintenir, celle qui faisait rire Charlie qui pensait aux Aliens...

Elsa sourit, elle arrivait dans sa maison perdue dans un bois près de Vichy et elle venait de retrouver la maxime du Bourbonnais : « *Gardarem Allen* ».
Elsa en avait fait sa devise et ce soir-là, plus qu'à d'autres moments, cette devise prenait sens. Elle savait pourquoi, elle continuerait à agir pour la protection de tous à condition que l'État Français tienne sa mission complémentaire, celle de maintenir la démocratie pour que ce ne soit pas l'ambition économique et l'avarice qui dominent.

Elle pensa alors à l'équipe : « un pour tous et tous pour un. » et à Alexandre Dumas. Elle avait lu « *La tulipe noire* » ... Elle se posa la question :

« Ne valait-il pas mieux s'occuper de cette tulipe et la rendre merveilleuse plutôt que de s'occuper des arcanes du pouvoir et de leurs conflits perpétuels ?

« S'occuper de cultiver son jardin. » aurait dit Voltaire à travers Candide.

Cependant, se dit-elle, pour qu'une démocratie s'exerce, ce pouvoir doit être remis à des personnes compétentes, souhaitant l'exercer dans le respect des lois, des deux chambres parlementaires et pour maintenir la Liberté, l'Égalité, la Fraternité. »

A cet instant, Zorba ouvre la porte d'entrée…

Lucette Terrenoire, essayiste, aborde dans chaque livre de la trilogie d'Elsa, quatre niveaux de lecture :

1) l'aventure d'Elsa
2) les nouvelles technologies et les écosystèmes
3) le comportement des gouvernements
4) une approche philosophique.

Lucette Terrenoire est lauréate de nombreux prix Culturels :

> en 1967, le prix départemental littéraire, puis édite un recueil de poésies « le métier à tisser ».

> en 1990, le prix Athanor et devient Compagnonne de la Forêt des mille poètes.

> de 1989 à 2006, elle est lauréate de nombreux concours de sculpture sur pierre en taille directe. Son père étant tailleur de pierre, elle dira :

« *C'est en quelque sorte ce que j'appelle le syndrome d'Obélix. L'enfant est plongé sans le savoir dans la marmite et il en retire, un peu à son insu (car il ne sait pas, qu'il sait) une connaissance implicite ».* Elle mettra en place une méthode de sculpture en taille directe au cours de son cursus Universitaire à Lyon II.

Un accident de voiture l'oblige à arrêter ses études en Master de psychologie clinique, ainsi que la sculpture.

En 2017, dans un Manifeste, elle propose un Musée Européen d'Éducation à la Paix, M.E.E.P, sur Vichy et projette de revisiter le projet de Parc National zone humide fluvial pour l'Allier et la protection du Grand Cycle de l'eau.

Résolument tournée vers l'avenir, elle écrit en 2020 des livres d'un genre nouveau pour elle, le roman d'anticipation, entre essai philosophique, science-fiction et réalité.

La première trilogie est composée de :

LES AMIS D'ELSA, 2035 - *Éditions BoD, 2020, réédité en 2023 (L'espace et les nouvelles technologies spatiales)*

RETOUR SUR LE FUTUR, ELSA 2035 - *Éditions BoD, 2020, réédité en 2023 (Les pesticides, les robots tueurs et les tourbières)*

VICHY, ELSA 2035 - *Editions BoD, 2023 (Les zones humides, le Grand Cycle de l'eau.)*

La deuxième trilogie est à venir…